Acem Meditation

Ein einführendes Begleitbuch

ISBN 978-82-91405-28-5
Zweite Auflage

Originaltitel: Acem Meditation. An Introductory Companion

Erste englische Ausgabe 2007. Zweite englische Ausgabe 2013.

Erste spanische Ausgabe 2011.

Erste chinesische Ausgabe 2012.

Erste deutsche Ausgabe 2014.

Autoren: Are Holen und Halvor Eifring

Übersetzung: Ina Ulzhöfer

Layout und Foto: Torbjörn Hobbel

Titelbild: Torbjörn Hobbel

Gedruckt von UnitedPress

Dyade Press

Postboks 2559 Solli

NO – 0202 Oslo, Norwegen

dyadepress.com

info@dyadepress.com

Acem Meditation

Ein einführendes Begleitbuch

Are Holen und Halvor Eifring

DYADE PRESS 2016

Inhaltsverzeichnis

FOTO: HALVOR EIFRING

Einleitung

Dieses Buch enthält nützliche Empfehlungen für die alltägliche Ausführung von Acem Meditation. Es beleuchtet die grundlegenden Konzepte und Prinzipien von Acems Meditationstheorie.

Ein Einführungskurs in Acem Meditation umfasst Gruppeninstruktionen und Anleitung. Anfängern wird empfohlen, täglich zu meditieren und an Meditationstreffen teilzunehmen. Es ist nicht möglich, Acem Meditation nur durch Lektüre oder mithilfe von CDs zu erlernen. Auch wenn dies hilfreich sein kann, ist es allein durch regelmäßige Ausführung und Instruktion durch einen qualifizierten Leiter möglich, in Meditation kompetent zu werden.

Acem ist eine internationale gemeinnützige Organisation, die von Skandinavien ausgehend v.a. in Europa, aber auch in Asien, Afrika, Australien und Amerika Meditation lehrt. Die Meditationspraxis ist nicht religiös und basiert auf moderner Psychologie und biomedizinischer Wissenschaft. Die Konzepte und Prinzipien beruhen auf der langjährigen Erfahrung von Ärzten und Psychologen, die diese Meditationstechnik zur Reduktion von Stress, zur Gewinnung von Energie und zur Selbstverwirklichung weiterentwickeln.

Nach dem Anfängerkurs kann man Acem Meditation intensiver ausprobieren, z.B. auf Acem Retreats, die jährlich in Skandinavien und auch andernorts stattfinden. Die Retreats bieten Gelegenheit zu Langmeditationen, die hinsichtlich tieferer Entspannung, Persönlichkeitsentwicklung und Gesundheit nützlich sind. Während ausgedehnter Stilleperioden lässt sich Zugang zu neuen Dimensionen der äußeren und inneren Existenz finden.

Wir hoffen, dass dieses Buch zu einem lohnenden Ergebnis beitragen wird.

FOTO: THIER AQUINO

Teil I:
KONZEPTE UND PRINZIPIEN

FOTO: TORBJØRN HOBBEL

Den Anfang machen

Sitzhaltung und Wahl der Umgebung

Sitzen Sie bequem, mit den Händen im Schoß und dem unteren Rücken gut gestützt. Sie können in einem Sessel sitzen, in Ihrem Bett oder sogar im Schneidersitz – wie auch immer es für Sie angenehm ist. Sie sollten die Sitzhaltung für die halbstündige Dauer der Meditation beibehalten können, ohne dass sie Aufmerksamkeit beansprucht.

Wenn Sie sich zu sehr nach hinten lehnen, führen Sie möglicherweise einen schläfrigen Zustand herbei, in dem die Meditation unklar wird.

Sanftes Licht oder Dunkelheit sind ebenso wie eine ruhige Umgebung wünschenswert für die Meditation.

Grundinstruktion

Schließen Sie Ihre Augen! Nehmen Sie sich ein paar Sekunden, um zur Ruhe zu kommen!

Dann beginnen Sie, in Gedanken den Meditationslaut zu wiederholen, den Sie erhalten haben. Ruhig und ohne Anstrengung. Ohne dabei die Zunge, die Lippen oder den Kehlkopf zu benutzen. Lassen Sie dabei Ihre Aufmerksamkeit auf dem Laut ruhen, während Sie ihn sanft wiederholen.

Gedanken, Eindrücke, Gefühle, Körperempfindungen, Bewegungen und andere spontane Aktivitäten dürfen unbehelligt kommen und gehen, während Sie in Gedanken den Meditationslaut wiederholen.

Wenn Sie merken, dass der Meditationslaut verschwunden ist, weil Sie vielleicht in Gedanken absorbiert wurden, dann beginnen Sie wieder, ihn mit möglichst wenig Anstrengung zu wiederholen. Immer wenn Sie bemerken, dass Sie vom Meditationslaut abschweifen, beginnen Sie ganz sanft, ihn zu wiederholen.

Die Frequenz des Meditationslautes kann variieren. Jedes Mal, wenn Sie ihn sich wieder von Neuem vorstellen, wählen

Sie ungefähr die gleiche angenehme Frequenz. Es spielt keine Rolle, ob der Laut Ihrem Atemrhythmus folgt; lassen Sie ihn seine eigene natürliche Frequenz finden.

Meditationslaut

Ein Meditationslaut ist eigentlich eine Kombination mehrerer Laute, der durch speziell geschulte Kurslehrer und Meditationslehrer Acems zugeteilt wird. Die Kombinationen haben Rhythmus- und Lautqualitäten, die für Meditation geeignet sind, aber sie haben keine sprachinhaltliche Bedeutung. Es gibt Gruppenlaute, d.h. jedes Mitglied der Gruppe benutzt den gleichen Laut. Für gewöhnlich können später auch individuelle Laute zugewiesen werden. Nach zwei bis drei Jahren können erweiterte Meditationslaute benutzt werden. In der Hirnforschung ließ sich mit bildgebenden Verfahren zeigen, dass nur bestimmte Laute die zerebralen Aktivitäten auslösen können, die in der Meditation zu körperlicher und emotionaler Entspannung führen.

Bewahren Sie den Meditationslaut in Ihrem Inneren, schreiben Sie ihn nicht auf, sagen Sie ihn nicht laut und teilen Sie ihn nicht mit Anderen. Um wirksam zu bleiben, muss der Meditationslaut solche Teile des Gehirns aktivieren, die nicht für Sprachbedeutung zuständig sind. Dementsprechend sollen mit ihm weder Erlebnisse noch Beziehungen oder Symbole assoziiert werden.

Ihre tägliche Routine

Acem Meditation ist eine neue Praxis, die ein Teil Ihres Alltags werden soll. Deshalb ist es wichtig, sie von Anfang an als regelmäßige Gewohnheit einzuführen. Es wird nur schwieriger, wenn Sie das aufschieben.

Acem Meditation soll täglich zwei Mal 30 Minuten lang praktiziert werden oder einmal am Tag 45 Minuten lang. Die meisten Meditierenden planen den Morgendurchgang zwischen duschen und Frühstück ein, während die ideale Zeit für den Nachmittags- oder Abenddurchgang vor dem

Abendessen liegt. Nahrungsaufnahme beansprucht den Körper und behindert dadurch den Verlauf der Meditation. Deshalb meditiert man am besten vor dem Essen oder mindestens zwei Stunden nach einer Mahlzeit.

FOTO: TORBJØRN HOBBEL

Begriffe und Empfehlungen

Willensaktivität versus Spontanaktivität

Acem Meditation basiert auf dem harmonischen Zusammenspiel von willentlicher und spontaner Aktivität. Willentliche oder gewollte Aktivität ist inneres Handeln, das wir während der Meditation vollbringen – es ist das bewusste, aber unangestrengte Wiederholen des Meditationslautes. Spontane Aktivitäten entfalten sich von selbst, während wir meditieren. Sie sind partieller Ausdruck unerledigter Angelegenheiten, die größtenteils unbewusst sind. Widerstand und paradoxe Effekte stammen aus denselben unbewussten Quellen. Zu den spontanen Aktivitäten sind zu zählen:

- Gedanken, Erinnerungen, Bewertungen
- Gefühle und Emotionen
- Ideen, Bilder, Fantasien
- Langeweile, Müdigkeit, Schlaf
- Unbehagen, Ruhelosigkeit, Irritation
- Körperbewegungen, Körperempfindungen, Geräusche von außen.

Oft ergibt sich der Inhalt spontaner Aktivität aus dem Alltagsleben und variiert entsprechend unserer Erlebnisse und Stimmungen zur jeweiligen Zeit. Auch verzerrte Erfahrungen und Verhaltensmuster, die sich in der Kindheit und Jugend herausgebildet haben, beeinflussen die Spontanaktivität in der Meditation.

Ganz gleich, welche spontanen Aktivitäten auftreten, wir akzeptieren sie ohne Widerstand. Wenn Sie z.B. während des Meditierens müde werden, lassen Sie Ihre Müdigkeit einfach walten; wenn Sie den Drang nach einer Bewegung spüren, folgen Sie diesem. Machen Sie gleichzeitig mit dem unangestrengten Wiederholen des Meditationslautes weiter. Anstatt die Spontanaktivität zu behindern, wird Ihre Willensaktivität ihr auf diese Weise einen Freiraum schaffen. Ein

Unterdrücken der Spontanaktivitäten, die ein natürlicher Teil des Meditationsprozesses sind, vermindert den Nutzen der Meditation. Solchen Aktivitäten dagegen Raum zu lassen, löst Spannung auf und verstärkt die heilsamen Wirkungen.

Was ist richtiges Meditieren?

Eine kurze Antwort auf diese Frage lautet, dass richtiges Meditieren mehr davon abhängt, was Sie tun, als davon, was Sie erfahren. Acem Meditation ist ein Prozess, nicht das Erleben spezifischer und statischer Zustände von Körper und Geist. Unsere spontanen Aktivitäten ändern sich ständig, worauf wir mit der Anpassung der gewollten Aktivität reagieren müssen: Das Wiederholen des Methodenlautes muss sich ständig anpassen. Die Absicht ist es, mit dem weichen und sanften Wiederholen des Lautes fortzufahren.

Freie Geisteshaltung

Worauf es beim Meditationslaut am meisten ankommt, ist nicht die Weise, wie er im Einzelnen wiederholt wird (z.B. schnell oder langsam), sondern die generelle Herangehensweise. Man sollte den Meditationslaut ohne Anstrengung und Konzentration wiederholen, mit einer freien, offenen Haltung. Das bedeutet:

- Der Meditationslaut wird sanft und ruhig wiederholt, unabhängig von der Wiederholungsfrequenz.
- Die Aufmerksamkeit ist auf den Laut selbst gerichtet. Bilder, Gefühle usw., die während der Meditation aufkommen können, sind zweitrangig.
- Die freie Haltung ist inklusiv insofern, als dass sie sowohl die Willens- als auch die Spontanaktivitäten des Geistes umfasst, unabhängig davon, ob sie leicht oder schwer zu fassen sind.

Weil sich unsere Spontanaktivitäten ständig ändern, ist es nicht immer leicht, eine Haltung der Gelassenheit ihnen gegenüber beizubehalten.

Spontankonzentration

Durch korrektes Wiederholen des Meditationslautes schaffen wir eine freiere, offenere geistige Haltung, die die Freigabe tieferer Spannungen möglich macht. Von Zeit zu Zeit versinken wir während der Meditation in Gedanken – auf Kosten des Meditationslautes. Das wird als Spontankonzentration bezeichnet und ist ein natürlicher Teil des Meditationsprozesses. Es ist wichtig, sich nicht gegen spontane Konzentration zu wehren, da das die Meditation stört. Nach einer Weile taucht man von selbst aus den Gedanken auf und ist frei, um den Meditationslaut wieder unangestrengt aufzunehmen. Spontankonzentration schafft ein teilweises Lösen innerer Spannung aus Bereichen, mit deren Themen man noch nicht direkter umgehen kann.

Aktive Konzentration

Das Gegenteil von spontaner Konzentration ist aktive Konzentration oder absichtliches Konzentrieren. In der Meditation ist aktive Konzentration immer kontraproduktiv. Einige ihrer negativen Konsequenzen sind folgende:

- Forcieren, Unterdrücken oder Ausschließen von Gedanken, Körperbewegungen oder äußeren Reizen durch "hartes" Wiederholen des Meditationslautes
- Der Versuch, von unangenehmen Stimmungen und Gefühlen wegzukommen
- Vom Inhalt der eigenen Gedanken willentlich ganz in Anspruch genommen werden
- Sich an den Meditationslaut klammern, wenn er in den Hintergrund rücken will
- Den Meditationslaut mit Kraftaufwand wiederholen, um unangenehme Gedanken, Gefühle oder Körperempfindungen zu verdrängen
- Sich bewusst darum bemühen, den Meditationslaut mühelos zu wiederholen – ein Widerspruch in sich!
- Darauf warten, dass der Meditationslaut von selbst

zurückkommt, anstatt wieder dessen mühelose Wiederholung aufzunehmen
- Von der Selbstbewertung der eigenen Meditation besessen sein.

Erwartungen - maskierte Konzentration

Wir alle erwarten etwas von unserem Meditieren, sei es tiefere Entspannung, mehr Energie, bessere Konzentration oder persönliche Weiterentwicklung. Meditation kann einige dieser Erwartungen erfüllen, aber nur durch regelmäßiges Üben über einen längeren Zeitraum.

Acem Meditation ist ein offener Prozess, in dem spezifische Ergebnisse nicht im Voraus festgelegt und nach einem bestimmten Zeitplan angestrebt werden können. Der Prozess hat seinem eigenen Verlauf zu folgen.

Durch den bewussten Versuch, bestimmte Ergebnisse oder geistige Zustände zu erreichen, behindern Sie wahrscheinlich die unangestrengte Haltung, die für effektive Meditation erforderlich ist. Wenn Sie zum Beispiel zu sehr von der Erwartung von Entspannung eingenommen sind, werden Sie sich geistig eher versteifen als öffnen und sich nicht entspannen können. Um größtmöglichen Nutzen aus Acem Meditation zu ziehen, lassen Sie Gedanken an bestimmte Ziele los und überlassen Sie sich einfach dem Prozess!

Spannung als Konzept

Wenn wir über Veränderungen sprechen, die durch Acem Meditation bewirkt werden, beziehen wir uns oft auf die Reduktion von "Spannung" oder "Stress". Diese Begriffe decken eine Vielzahl von körperlichen und geistigen Erscheinungsformen ab. Häufig bezeichnen sie ein Angespanntsein der Muskulatur. Ziemlich oft beziehen sich diese Begriffe aber auch auf psychische Anspannung – zum Beispiel bei Angst oder emotionaler Erregung, die auftritt, wenn wir uns unbehaglich, bedroht oder unsicher fühlen. Bei negativer Selbstbewertung (siehe Abschnitt unten über Metagedanken) können Spannungen als verzerrte Wahrnehmungen, Emotionen und Kognitionen auftreten. Das kann besonders deutlich werden hinsichtlich unserer Interpretation davon, was in der Meditation vor sich geht. Wir können mit unseren Bewertungen und Reaktionen ziemlich daneben liegen.

Im Wesentlichen beruht jede Veränderung auf grundlegenden Änderungen unserer Wahrnehmung, unserer Sicht der Welt und unseres Selbstbilds sowie der existenziellen Position, von der aus wir handeln. Solche Veränderungen betreffen den Körper, die Stresstoleranz, die psychische Informationsverarbeitung, die Selbstbilder, die unser Leben von innen her gestalten, und vieles mehr.

Metagedanken

Metagedanken sind beständige und wertende Gedanken oder Selbstbewertungen über die eigene Meditation, die die Ausführung behindern. In einem eigenen Kapitel werden sie ausführlicher besprochen.

In Kürze

Richtiges Meditieren ist zurückzuführen auf die Art und Weise, in der Acem Meditation praktiziert wird – durch das unangestrengte Wiederholen eines Meditationslautes. Spontanaktivitäten und Spontankonzentration treten auf natürliche Weise auf und sollen als Teil des Prozesses akzeptiert werden. Aktive Konzentration ist hingegen nie ein produktiver Ansatz.

FOTO: TORBJØRN HOBBEL

Ratschläge für die Praxis

Es tauchen automatisch mehrere Fragen auf, sobald man gelernt hat, zu meditieren.

- Wann und wie lange sollte man meditieren?
- Wie sollte man sich verhalten, wenn man Widerstand spürt?
- Wie kann mir Meditation helfen, wenn ich krank bin?
- Ist Anleitung nötig?

Dieser Abschnitt gibt Antworten auf Fragen dieser Art.

Ergebnisse

Die Ergebnisse, die man durch Meditation erzielt, hängen davon ab, wie viel man investiert. Wie beim Sport kommt auch bei der Meditation Erfolg mit dem regelmäßigen Training. Gelegentliches Meditieren kann einem helfen, zu entspannen, aber so wünschenswerte Ergebnisse wie verbessertes Stressmanagement, besserer Schlaf und Persönlichkeitsentwicklung werden erst durch regelmäßiges Meditieren über einen längeren Zeitraum hinweg erreicht.

Meditation im Alltag

Regelmäßige Meditation bedeutet, jeden Tag zwei Mal 30 Minuten lang zu meditieren. Die meisten Menschen meditieren am liebsten einmal morgens und einmal abends, z. B. vor dem Frühstück und vor dem Abendessen.

Wenn man nur einmal am Tag Zeit zum Meditieren hat, sollte man versuchen, die Meditationszeit um 50% zu verlängern, sodass man 45 Minuten lang meditiert. Wenn man unter Zeitdruck steht oder verschlafen hat, ist es besser, 10 Minuten zu meditieren als überhaupt nicht. Alleine kann man, wenn man mag, bis zu einer Stunde meditieren, aber nicht länger.

Morgenmeditation

Normalerweise beginnt man den Tag in einem ziemlich entspannten und ruhigen geistigen Zustand. Deshalb ist die Morgenmeditation die ideale Gelegenheit, zugrundeliegende Spannungen abzubauen und ungelöste psychische Angelegenheiten zu bearbeiten.

Abendmeditation

Abends fühlen wir uns normalerweise gestresster und müder als morgens. Abends zu meditieren hat den doppelten Effekt, uns zu helfen, zu entspannen und unseren Akku für das, was an dem Tag noch ansteht, aufzuladen. Abendmeditationen fühlen sich oft besonders tief und angenehm an, weil wir das Bedürfnis haben, den Stress und die Müdigkeit, die sich durch die Aktivitäten des Tages angestaut haben, zu überwinden.

Urlaub und Reisen

Im Urlaub oder auf Reisen kann es schwierig sein, an einer regelmäßigen Meditationsroutine festzuhalten, vor allem, wenn man mit Menschen zusammen ist, die nicht meditieren. Versuchen Sie, Ihren Tag im Vorfeld zu planen und eine Art Routine zu etablieren. Eine Möglichkeit, die Meditation in den Tagesablauf zu integrieren, kann darin bestehen, zu meditieren, bevor die anderen morgens aufwachen oder nachdem sie abends ins Bett gegangen sind.

Arbeitsintensive oder schwierige Zeiten

In sehr arbeitsintensiven Zeiten in unserem Leben brauchen wir die Meditation am meisten, weil sie Stress reduziert und unsere Effizienz und Ausdauer erhöht. Es kann allerdings unter diesen Bedingungen schwierig sein, Zeit zum Meditieren zu finden. Seien Sie so flexibel wie möglich im Hinblick darauf, wann und wo Sie meditieren. Sie können z.B. eine Meditationseinheit im Bus oder Zug einlegen. Auch wenn diese Art von Meditation Ihre normale Meditationspraxis nicht ersetzen kann, ist sie eine wertvolle Quelle der Entspannung. Bedenken Sie aber, dass es nach mehreren Wochen mit kurzen und gelegentlichen Meditationen schwierig sein kann, zur regelmäßigen Routine zurückzufinden.

In Zeiten, in denen Sie größerem Stress als normalerweise ausgesetzt sind, finden Sie es vielleicht hilfreich, die Dauer jeder der beiden Meditationseinheiten pro Tag auf 45-60 Minuten zu erhöhen oder eine dritte Meditation im Laufe des Tages durchzuführen.

Wenn Sie sich intensiv auf eine Prüfung vorbereiten, meditieren Sie länger oder häufiger während der Vorbereitungsphase, aber kehren Sie in den letzten Tagen zu Ihrer normalen Routine zurück. Eine kurze Phase gemäßigter Angst kann Ihre Leistung verbessern.

Deshalb ist es nicht ratsam, in den Tagen unmittelbar vor der Prüfung mehr als normalerweise zu meditieren. Während der Prüfung kann es hilfreich sein, ein paar Minuten lang zu meditieren, vor allem wenn man einen Punkt erreicht hat, an dem man sich blockiert fühlt. Meditation erlaubt es Ihnen, sich ein wenig vom Thema zu distanzieren, sodass ein neuer Ideenfluss einsetzen kann. Es ist allerdings wichtig, während einer Prüfung nicht länger als 5 bis 10 Minuten zu meditieren, weil man sich ansonsten müde fühlen kann.

Unmittelbar bevor man einer anspruchsvollen Situation ausgesetzt ist, die z.B. darin bestehen kann, dass man eine Rede halten oder eine Versammlung leiten muss, kann es einen beruhigenden Effekt haben und die eigene Gelassenheit erhöhen, wenn man ein paar Minuten meditiert.

Krankheit

Wenn man eine Erkältung oder eine andere Krankheit hat, kann es schwierig sein, zu meditieren und man kann sich dabei müde oder ruhelos fühlen. Meditieren Sie dennoch mindestens genauso lange wie normalerweise und wenn möglich sogar mehr. Wenn Sie schläfrig oder müde werden, legen Sie sich hin und erlauben Sie sich zusätzlichen Schlaf. Wenn man krank ist, brauchen sowohl der Körper als auch der Geist mehr Raum, um unnützes Material loszuwerden. Einige Menschen finden, dass zusätzliches Meditieren in den frühen Phasen einer Erkältung dazu beiträgt, sie auszukurieren.

Es ist immer am besten während der Meditation zu sitzen, weil man schneller einschläft, wenn man liegt. Während einer Krankheit kann man aber auch im Liegen meditieren, wenn das die einzige Möglichkeit ist, überhaupt zu meditieren.

Schlaflosigkeit

Meditation kann so belebend sein und einem so viel Antrieb geben, dass es schwierig ist, gleich nach der Meditation einzuschlafen und deshalb ist es oft nicht ratsam, in den letzten beiden Stunden bevor man ins Bett geht zu meditieren.

Wenn man allerdings an Schlaflosigkeit leidet, kann das Gegenteil der Fall sein. Weil Meditation Stress und Ängste reduziert und eine natürliche Müdigkeit aufkommen lässt, schlafen Sie vielleicht besser ein, wenn Sie unmittelbar bevor Sie ins Bett gehen meditieren oder den Meditationslaut wiederholen, während Sie im Bett liegen, aber nicht als Ersatz für regelmäßige tägliche Meditationen. Viele Menschen empfinden regelmäßiges Meditieren als effektive Möglichkeit, Schlaflosigkeit zu überwinden.

Wenn Ihre Lebensumstände zu Schlafentzug führen, wird Ihnen regelmäßiges Meditieren helfen, normal zu funktionieren, auch wenn das heißt, dass Sie noch weniger schlafen. Wenn Ihr Leben wieder normal verläuft, sollten Sie jedoch auch wieder zu Ihren normalen Schlafgewohnheiten zurückkehren.

Einschlafen während der Meditation

Manchmal schläft man während der Meditation ein. Wir betrachten dies als eine wohltuende Erfahrung. Es gibt zwei

Gründe, wie es dazu kommen kann: Entweder hat man in letzter Zeit nicht genug geschlafen oder die regelmäßige Meditationspraxis führt gerade tiefergehende geistige Veränderungen herbei, was vorübergehend zu einem erhöhten Schlafbedürfnis führen kann. Den Schlaf zuzulassen wird den Prozess der Veränderung aufrechterhalten. Während der Anfangsphase auf Retreats sind wir regelmäßig mit Schlaf konfrontiert. Im Allgemeinen tritt dieses Phänomen oft bei jüngeren Menschen auf oder bei Personen, die sich sozial oder beruflich übernommen haben, aber auch, wenn sich jemand von einer schlimmeren Krankheit oder von einer Operation erholt.

Depressionen und schlechte Stimmungen

Wir haben normalerweise keine Lust zu meditieren, wenn wir niedergeschlagen oder gereizt sind, da Meditation bedeutet, dass wir uns selbst begegnen und wir möchten lieber an etwas ganz anderes denken. Es lohnt sich jedoch, diese Abneigung zu überwinden, weil Meditation uns helfen kann, die schlechte Stimmung schneller zu überwinden.

Medikamente

Manche Medikamente werden Ihre Meditation beeinflussen. Nehmen Sie sie ein, nachdem Sie meditiert haben. Dieser Rat bezieht sich auch auf Alkohol.

Den Meditationslaut überprüfen

Wenn Sie bezüglich Ihres Meditationslautes unsicher sind, lassen Sie ihn überprüfen. Kontaktieren Sie die Person, die ihn Ihnen gegeben hat oder einen anderen Acem Meditationslehrer. Nachdem Sie mindestens ein halbes Jahr lang regelmäßig meditiert haben, kann Ihnen ein individueller Meditationslaut gegeben werden. Später, nach zwei bis drei Jahren regelmäßiger Meditation, kann ein verstärkter Meditationslaut den Prozess beschleunigen. Dieser Laut kann ganz neu sein oder es kann sich um einen Anhang an den Laut, den Sie schon verwenden, handeln. Verstärkte Meditationslaute sind wirksamer, aber etwas schwieriger zu benutzen, da sie eine größere Herausforderung hinsichtlich des Wiederholens des Lauts darstellen. Verstärkte Laute können in Intervallen von drei bis fünf Jahren vier bis fünf Mal gegeben werden, vorausgesetzt man meditiert regelmäßig. Immer wenn man den Meditationslaut wechselt, ist es wichtig, ihn überprüfen zu lassen. Am Anfang kann es zu Störungen durch den früheren Laut kommen.

Die Meditation wieder aufnehmen

Wenn Sie mit dem Meditieren aufhören und dann beschließen, wieder anzufangen, sind eine Sitzung mit Anleitung, eine Langmeditation oder ein Retreat sehr zu empfehlen. Seien Sie sich darüber im Klaren, dass es ein paar Tage oder sogar Wochen dauern kann, bevor Sie die Meditationen genauso effektiv finden, wie sie vor der Meditationspause waren. Eine Unterbrechung kann Fragen hinsichtlich Ihrer Meditation aufkommen lassen, die Sie allein nur schwer beantworten können. Kontaktieren Sie Ihren Kurslehrer oder Ihr nächstgelegenes Acem Zentrum, um Anleitung und Unterstützung zu vereinbaren.

FOTO: TORBJØRN HOBBEL

Langmeditationen

Eine kurze Einführung

Von Are Holen

Langmeditationen intensivieren tiefere Prozesse, die durch Acem Meditation gefördert werden. Wenn Meditationsanleitung Langmeditationen nachfolgt, entweder in Gruppen oder individuell, verstärken beide die Wirkungen des Meditierens. Unten findet sich eine Übersicht über einige grundlegende Prinzipien, die relevant für Langmeditationen sind. Weitere Information über verwandte Themen sind in der zweite Hälfte des Buches in den Kapiteln „In den Prozess einsteigen“ und „Fahrplan zu Weiterentwicklung“ enthalten.

Definition

Eine Langmeditation dauert länger als eine Stunde.

Ausführung

Langmeditationen werden auf Retreats durchgeführt, die in einer friedvollen Umgebung in gemeinschaftlicher Atmosphäre stattfinden, und während derer Zugang zu qualifizierter Anleitung besteht.

Anleitung und Diskussion

Nach Langmeditationen sollte am selben Tag mit jemandem, der dazu qualifiziert ist, Anleitung zu geben, über die Erfahrung diskutiert werden. Dies stimuliert eine Reflexion über die Meditationspraxis und die Anwendung ihrer Prinzipien, was einem hilft, Zugang zum eigenen Potenzial für persönliche Entwicklung zu finden.

Nutzen

Die positiven Effekte von Meditation auf Persönlichkeit, Körper und Gesundheit nehmen während längerer Meditationen zu, vorausgesetzt diese werden ohne angestrengte Bemühungen oder Konzentration durchgeführt. Die Qualität Ihrer täglichen Meditationen kann sich auch verbessern, nachdem Sie Langmeditationen ausgeübt haben.

Vertiefte meditative Einsicht

Langmeditationen liefern Möglichkeiten zu erhöhten Einsichten in den Meditationsprozess. Während einer längeren Zeitspanne ist es einfacher, Hindernisse, die erfolgreichem Meditieren im Wege stehen, zu verstehen und anzugehen. Dies können z.B. unterschwellige Aspekte des Alltags, ungelöste psychische Probleme, Widerstände oder Themen der Vergangenheit sein.

Vier Stufen von Langmeditation

Stufe 1: 1-2.5 Stunden
Acem organisiert Langmeditationen in Gruppen. Menschen kommen im selben Raum für eine Abendmeditation zusammen, die 1 bis 2,5 Stunden dauert. Die Vorteile beinhalten normalerweise eine tiefere Entspannung und eine Verbesserung in Bezug auf die Qualität der täglichen Meditationen. Aufbaukurse in Acem Meditation beinhalten normalerweise mindestens eine Langmeditation dieser Art.

Anforderungen: Keine, aber regelmäßige Meditationspraxis ist hilfreich.

Stufe 2: Mehr als 3 Stunden
Langmeditationen auf Stufe 2 werden auf Wochenendretreats und auf einwöchigen Retreats praktiziert. Auf dieser Ebene meditiert man normalerweise allein in einem Raum und man kann sich während der Meditation hinlegen, wenn man

das Bedürfnis hat, zu schlafen. Mühelose Meditation über 3 oder mehr Stunden hinweg ist ein sicheres Zeichen für eine korrekte Technik und wenn man dies erreicht hat, ist man bereit für die nächste Stufe. Langmeditationen auf Stufe 2 führen zu tiefer Entspannung und mindern Stress, Anspannung und angestaute Müdigkeit. Sie stimulieren auch den tieferen Prozess der Persönlichkeitsentwicklung.

Anforderungen: Keine, aber regelmäßige Meditationspraxis ist hilfreich.

Stufe 3: Mehr als 6 Stunden
Auf dieser Stufe werden Langmeditationen immer in Abgeschiedenheit durchgeführt und nur auf sogenannten Vertiefungsretreats, die mindestens 5 Tage dauern. Langmeditationen auf Stufe 3 können auf tieferliegende Lebensthemen fokussieren und können bereichernde und anhaltende Prozesse von Persönlichkeitsveränderungen bewirken.

Anforderungen: Mindestens 20 Stunden Erfahrung mit Langmeditationen auf Stufe 2.

Stufe 4: 24 Stunden
Meditationen auf Stufe 4 oder Langmeditationen rund um die Uhr erfordern eine beträchtliche Vorbereitungszeit und werden deshalb nur in der zweiten Woche von Vertiefungsretreats durchgeführt, die mindestens drei Wochen lang dauern. Langmeditationen rund um die Uhr stimulieren eine intensivere Begegnung mit Ihren persönlichen Lebensthemen und stellen eine Herausforderung der Grenzen Ihrer Erfahrung von Zeit und Ihres Selbsts dar.

Anforderungen: Mindestens 300 Stunden Erfahrung mit Langmeditationen auf Stufe 3.

FOTO: TORBJØRN HOBBEL

Teil II: PERSPEKTIVEN

FOTO: TORBJØRN HOBBEL

In den Prozess einsteigen

Die Spannungen des Alltags

Außerhalb der Meditation können wir Spannungen durch die normale Aktivität des Geistes abbauen, indem wir unsere Gedanken im Laufe des Tages von Zeit zu Zeit frei fließen lassen. Nach stressigen Erfahrungen oder während Phasen intensiver psychischer Verdrängung kann jedoch mehr Spannung entstehen als wir automatisch handhaben können und unter diesen Bedingungen baut sich Spannung auf. Im modernen Leben haben wir kaum die Zeit und die Mittel, uns mit aufgestautem Stress und Anspannungen auseinanderzusetzen. Dennoch verlangen es berufliche und private Anforderungen unserer gegenwärtigen Gesellschaft, mit Stress in psychologisch kompetenter Weise umzugehen.

Meditation – Stressbewältigung und Entwicklung

Acem Meditation resultiert in einer intensivierten Spannungsreduktion, die teilweise auf die konstante Wiederholung des Meditationslautes und teilweise auf ein besseres Verständnis hinsichtlich der Natur und den Gründen von Anspannung zurückzuführen ist. Anspannung kann sich in Form von körperlicher Unruhe, Unbehagen, Furcht vor oder Abneigung gegenüber bestimmten Situationen äußern. Obwohl manche Arten und Quellen von Anspannung gut bekannt sind, verstehen wir andere nur vage und manche sind uns gar nicht bewusst. Acem Meditation klärt und vertieft unser Verständnis von Anspannung und gibt uns somit das Rüstzeug zur Hand, um mit Anspannung zu arbeiten.

Der Schlüssel zum effektiven Spannungsabbau während der Meditation ist unsere Willensaktivität – das heißt die mühelose Wiederholung des Meditationslautes. Dadurch entsteht eine Haltung der Gelassenheit, die die spontanen Aktivitäten unseres Geists freisetzt und die somit den Spannungsabbau erleichtert. Ohne diese behutsame Willensaktivität kann die

Anspannung zu einem unfreien und begrenzten Geisteszustand führen, der uns davon abhält, auf unsere spontanen spannungsabbauenden Ressourcen und unser Potenzial für verbesserte Beziehungen und für bessere Leistungen bei der Arbeit zuzugreifen.

Aktualisierung – keine gerade Linie

Das Erlernen von Acem Meditation kann in zwei wesentliche Schritte unterteilt werden. Der erste besteht darin, die Grundinstruktion und alles, was sie nach sich zieht, anzuwenden. Der zweite Schritt ist eine viel größere Herausforderung, die darin besteht, die Arbeit mit den tieferen Prozessen in Richtung Veränderung zu optimieren.

Veränderungen, die mit der bestehenden Persönlichkeitsstruktur in Einklang stehen, werden normalerweise begrüßt und verursachen keine Schwierigkeiten. Irgendwann kommt es jedoch zu Veränderungen, die aktuelle Verhaltensmuster oder Wege der Informationsverarbeitung und Wahrnehmungen nicht bestärken. Paradoxe Effekte (siehe unten), Metagedanken und Widerstände erschweren wahrscheinlich den Weg. Sie sind alle Bestandteile dessen, was wir als Aktualisierung oder Aktualisierungsprozess bezeichnen. In diesen Phasen hören viele mit dem Meditieren auf ohne zu verstehen warum. Einige meditieren unregelmäßig und andere wenden sich Meditationsarten zu, die mit geringerer Wahrscheinlichkeit Veränderungen mit sich bringen, wie z.B. solche, die subtile Formen der Konzentration anwenden.

In der Erfahrung tiefgreifender Veränderungen muss sich der Meditierende mit irrationalen, unbewussten und getrennten Teilen des Selbsts auseinandersetzen. Für manche ist das eine faszinierende Arbeit, während andere es beunruhigend finden. Auf jeden Fall finden die Veränderungen langsam und schrittweise statt und sie können nicht beschleunigt werden. Sie können jedoch in Abhängigkeit der Einstellung des Meditierenden gehemmt oder komplett behindert werden.

Wir werden im weiteren Verlauf dieses Buchs versuchen, einige Themen zu beleuchten, die tiefergreifenden Veränderungen förderlich sein können. Im Wesentlichen muss jeder für sich selbst herausfinden, was dazu gehört. Wenn es gelingt, wird das Ergebnis letztendlich existenziell erfreulich und bereichernd sein.

Paradoxe Effekte der Meditation

Intensiver Spannungsabbau während der Meditation kann paradoxerweise das Gegenteil dessen bewirken, was man erwarten würde: Unbehagen, Ruhelosigkeit oder ein überwältigendes Schlafbedürfnis. Die Ruhe und Stille, die normalerweise mit Meditation assoziiert wird, kann kurzfristig von diesen Erfahrungen überschattet werden und man kann entmutigt werden oder sogar Widerstände gegenüber der Meditation entwickeln. Die beste Art, diese Zeiten durchzustehen besteht darin, regelmäßig weiter zu meditieren, vorzugsweise mit Anleitung, sodass man nicht verzagt oder die richtige Technik verliert. Langmeditationen können auch helfen.

Wenn man Durchhaltevermögen hat, wird der Spannungsabbau während der regelmäßigen Meditation gewinnbringende Effekte haben und wenn Ihre Meditationspraxis auch längere Meditationen beinhaltet, können Sie vielleicht sogar Aspekte grundlegender Persönlichkeitszüge in kürzerer Zeit angehen. Retreats in Acem Meditation bieten eine ideale Umgebung für diesen Prozess, was es einfacher macht, sich auf Langmeditationen einzulassen und an der eigenen Meditationsausführung zu arbeiten.

Widerstand gegenüber der Meditation

Gelegentlich können Sie das Gefühl haben, dass Meditieren Unsinn oder Zeitverschwendung ist und beschließen, dass Sie aufhören möchten. Widerstände dieser Art hängen oft mit Prozessen tiefgreifender Veränderung und dem grundlegendem Abbau von physischem oder psychischem Stress zusammen. Sie können auch auf oberflächlicheren und kurzzeitigen Faktoren in Ihrem Leben beruhen, wie z.B. Stimmungsschwankungen, Medikamenteneinnahme, Alkohol, Beruhigungsmittel oder

Nahrungsmittel. Manchmal können körperliche Anspannung oder Ruhelosigkeit zu Widerständen führen, aber diese nehmen normalerweise nach ein paar Minuten Meditation ab.

Wir können normalerweise nicht die Gründe dafür identifizieren, dass wir am liebsten mit dem Meditieren aufhören würden. Wir erleben nur einen Widerstand, der uns von innen her erregt und der nicht weggehen will. Widerstände können auf subtile Art unsere Meditationen beeinflussen. Manchmal kann daraus sogar eine falsche Ausführung resultieren, was es besonders wichtig macht, nicht aufzugeben. Wenn wir aufhören zu meditieren, wird der Prozess des Abbaus und Durcharbeitens unserer tieferliegenden Anspannungen behindert.

Wenn Sie Widerstände erleben, die über die ersten Minuten der Meditation bestehen bleiben, versuchen Sie, die Wiederholung ihres Meditationslautes anzupassen, sodass sie mit Gelassenheit durchgeführt werden kann. Besser als gar nicht zu meditieren ist es, kürzer zu meditieren, wobei man gelegentlich aufsteht und sich dehnt.

Bedeutung von Anleitung

In Phasen von Widerständen oder anderen Schwierigkeiten wird der Meditierende am meisten davon profitieren, die eigenen Erfahrungen mit einem qualifizierten Meditationsanleiter zu besprechen. Das kann dabei helfen, verzerrte Wahrnehmungen zu entwirren und einen dabei unterstützen, dieses Thema in den Griff zu bekommen.

Während des Anfängerkurses wird der Kurslehrer die notwendige Anleitung gewährleisten. Nach dem Anfängerkurs ist es hilfreich, mindestens ein bis zwei Mal im Jahr Anleitung zu bekommen. Sie können sich diesbezüglich mit Ihrem Kurslehrer oder Ihrem nächst gelegenen Acem Zentrum absprechen. Anleitung wird auch dann empfohlen, wenn man keine spezifischen Probleme mit der Meditation hat.

Anleitung hilft Ihnen, richtig zu meditieren, den Prozess zu schützen und bessere Ergebnisse zu erzielen. Meditation ist ein sich immer wandelnder Prozess, der sowohl bewusste als auch unbewusste Schichten des Geists mit einbezieht, und Ihre Technik wird mit zunehmender Erfahrung leichte Anpassungen erfordern. Anleitung hilft dabei, genauso wie sie dazu beiträgt, Ihre Ausführung vor Abnutzung zu bewahren. Anleitung und Langmeditationen zusammen sind extrem hilfreich während Phasen, die von paradoxen Effekten und Widerständen geprägt sind.

Im Kontext von Acem Retreats mit Langmeditationen wird Anleitung in Gruppen gegeben. Auf Anfrage kann man auch individuelle Anleitung erhalten.

Jede Art von Fragen über Meditation können in den Sitzungen mit Anleitung besprochen werden. Häufig möchten Leute besprechen, wie sie den größtmöglichen Nutzen aus der Meditation in ihrem Alltag ziehen können. Obwohl das Hauptanliegen der Anleitung nicht darin besteht, sich mit persönlichen Angelegenheiten oder existenziellen Themen zu befassen, kann in gewissem Maße auch solchen Fragen innerhalb der Diskussion Raum gegeben werden.

Langmeditationen

Es wird empfohlen, gelegentlich länger als eine Stunde zu meditieren, aber nicht allein. Sie können dies im Rahmen eigens dafür durchgeführter Treffen tun und während regionaler Acem Retreats, die ein Wochenende oder länger dauern.

Langmeditationen machen uns Schwachstellen in unserer Technik bewusst und erlauben uns, paradoxe Effekte und Widerstände besser zu verstehen und Stress und Anspannungen zu bearbeiten, die von alltäglicher Meditation unberührt bleiben. Sie eröffnen Möglichkeiten, die normalerweise außer Reichweite sind, und sind Quellen neuer Energie und Inspiration. Anleitung hilft uns, vom enormen Potenzial von Langmeditationen auf konstruktive und handhabbare Weise zu profitieren.

FOTO: TORBJØRN HOBBEL

Persönlichkeitsentwicklung

Von Are Holen

Acem Meditation führt zur Entwicklung von innerer Stärke und zu mehr innerer Freiheit. Die tiefgreifenden psychischen Veränderungen, die diese Meditation mit sich bringt, werden jedoch nicht ohne Widerstände erreicht.

Allmähliche Veränderungen

Fundamentale Änderungen der Persönlichkeit können durch Acem Meditation veranlasst werden, was die Wahrnehmungen, die Emotionen, das Verhalten und den körperlichen Zustand des Meditierenden anreichert bzw. verbessert. Diese Veränderungen gehen über die „Fühl-Dich-gut"-Verbesserungen, die viele wachstumsorientierte Meditationsarten versprechen, hinaus. Sie vollziehen sich jedoch langsam und schrittweise. Persönlichkeitsentwicklung ist ein allmählicher und nicht immer geradliniger Prozess. Er kann die Konfrontation mit essenziellen Aspekten von uns selbst und mit unseren grundlegenden existenziellen Annahmen enthalten. Acem Meditation ist eine Technik, die uns dazu befähigt, innere Widerstände hinsichtlich Veränderungen aufzugeben und mit Ausdauer und einer Langzeitperspektive tief verwurzelte Sehnsüchte nach einem besseren Leben zu erfüllen.

Acem Meditation ermöglicht tiefe Entspannung und einen befreiten Geisteszustand. Dadurch wird der Prozess der Veränderung initiiert, aber ungelöste innere Angelegenheiten können anschließend bestimmte Aspekte der Meditationspraxis beeinträchtigen oder verzerren und den persönlichen Fortschritt aufhalten. Reduzierte Entspannung und Zufriedenheit mit der Meditation treten oft auf, wenn ein Durchbruch unmittelbar bevorsteht, aber oft bemerkt man das nicht und reagiert auf die Schwierigkeiten entweder mit Konzentration, was kontraproduktiv ist, oder indem man aufhört, regelmäßig zu meditieren. Die konstruktivste Reaktion besteht darin, diese Erfahrungen mit einem Anleiter zu besprechen, der zu Klärung, Ermutigung und Bestärkung verhelfen wird. Wenn die Probleme erkundet werden, werden mentales Gleichgewicht und Freiheit wieder hergestellt werden, was die weitere Entwicklung fördert.

Übertragung aufs Leben

Regelmäßige Meditation und der Wille, an der eigenen Ausführung zu arbeiten, sind wesentlich im Hinblick auf den Prozess der Übertragung. Wenn man Ausdauer hat, werden die während der Meditation erzielten Bereicherungen sich auf unseren Alltag übertragen. Während Acem Meditation erscheinen unsere spontanen geistigen Aktivitäten oft unzusammenhängend, aber es gibt emotionale und kognitive Muster im Chaos und Gedanken und Gefühle tendieren letztendlich dazu, zu grundlegenden Themen zusammenzufließen. Wenn wir weiterhin regelmäßig meditieren und Fortschritte anstreben, können Päckchen mit verborgener Angst, Depression, Ärger, Sorgen oder Ruhelosigkeit auftauchen, genauso wie Bilder und Fragmente der Vergangenheit. Meditierende können häufig entmutigt und kritisch gegenüber ihrer eigenen Praxis werden, was sie zu der Schlussfolgerung kommen lässt, dass sie nicht gut im Meditieren sind oder dass Meditation nicht gut für sie ist.

Viele der hartnäckig bestehenden psychischen Strukturen, die während Acem Meditation aktiviert werden, stehen mit dem Über-Ich in Zusammenhang und drehen sich um Eltern-Kind-Konflikte, die auf eine sehr frühe Zeit zurückgehen. Sich bewusst darauf zu konzentrieren, solche Hindernisse zu überwinden oder aber in unregelmäßige Meditationsmuster zu verfallen, hilft dem Praktizierenden nicht, diese Probleme zu lösen. Die Lösung liegt teilweise in täglichen halbstündigen Acem Meditationseinheiten zuhause und teilweise in Acem Retreats, die lange Meditationen und persönliche Anleitung beinhalten.

Einer von Acems wichtigsten Errungenschaften ist die Entwicklung einer systematischen Meditationspsychologie, die Konzepte und Prinzipien beinhaltet, die Meditierenden helfen, ihr eigene Weiterentwicklung voranzutreiben. Die Beratung, die Klärung und die Unterstützung, die Anleiter bieten, sind zusammen mit den Möglichkeiten zu längeren Meditationen unbezahlbar im Hinblick auf die Persönlichkeitsentwicklung, die eines der langfristigen Hauptziele von Acem Meditation ist.

FOTO: TORBJØRN HOBBEL

Acem Meditation und das Unbewusste

Von Are Holen

Was ist das Unbewusste? Etwas, das normalerweise schlummert und sich nur ab und zu in einem Traum oder einem Versprecher äußert? Ist der Einfluss des Unbewussten so begrenzt, dass wir ihn ignorieren können oder beeinflusst es tatsächlich alles, was wir denken, sagen und machen?

Die meisten Menschen nehmen wahrscheinlich an, dass das Unbewusste keine bedeutende Rolle in ihrem Leben spielt und denken tendenziell nicht viel darüber nach. Acem Meditation regt jedoch zu einer anderen Sichtweise an. Das Unbewusste ist eine aktive und dynamische Größe, die kontinuierlich unsere Entscheidungen, Erfahrungen und Persönlichkeiten auf verborgene Arten beeinflusst, derer wir uns nie bewusst werden.

Die Bedeutung von Empathie

Eine der Eigenschaften, die unseren Alltag beeinflusst, die aber unterhalb der Bewusstseinsschwelle bleibt, ist Empathie. Empathisch zu sein ist das Gegenteil davon, egozentrisch zu sein. Empathisch zu sein bedeutet, autonom zu sein, aber gleichzeitig über die Fähigkeit zu verfügen, sich emotional mit anderen Menschen zu identifizieren und Dinge aus ihrem Blickwinkel zu betrachten. Alle erfolgreichen Beziehungen zwischen Menschen beruhen zum Teil auf Empathie. Eine gute Mutter, ein guter Vater oder eine effektive Führungskraft einer Organisation oder Firma zu sein, erfordert die Fähigkeit, sich in andere einzufühlen.

Wie entwickelt sich Empathie? Der wichtigste Faktor scheint die frühe Beziehung zwischen Eltern und Kind zu sein. Wenn die Mutter oder der Vater in dieser prägenden Phase die

Versuche des Kindes, z.B. durch Weinen zu kommunizieren, aus ihrer oder seiner eigenen Perspektive interpretiert und nicht in Übereinstimmung mit den wirklichen Bedürfnissen des Kindes, baut sich keine empathische Beziehung auf. Das präverbale Kind ist völlig von den intuitiven und sensitiven Reaktionen seiner Eltern abhängig und wenn diese nicht erfolgen, hat das Kind kein Modell empathischen Verhaltens, an dem es sich orientieren kann. Im Gegensatz dazu wird ein Kind, dem Empathie entgegengebracht wurde, automatisch anderen gegenüber empathisch sein.

Empathie kann jedoch im späteren Leben auch in Fällen, in denen sie nicht in der Kindheit erlernt wurde, durch enge Beziehungen und Selbsterkundung ausgebildet werden. Die meisten Psychologen und Therapeuten verstehen den Wert von Empathie, aber ihre Taktiken, Empathie zu fördern, sind nicht immer sehr tiefgreifend. Es gibt eine Rhetorik des Verstehens, eine Art Jargon oder Psychosprache, die häufigen Gebrauch von Wörtern wie „Gefühle“ macht, die aber nicht notwendigerweise ein tiefes Verständnis davon, wie andere Menschen sich wirklich fühlen, widerspiegelt.

Introspektion – nach innen gerichtete Empathie

Bisher haben wir über Empathie als ein nach außen gerichtetes Merkmal, das unsere Beziehungen zu anderen betrifft, gesprochen. Empathie kann jedoch auch nach innen gerichtet werden und in dieser Form beinhaltet sie Introspektion oder die Fähigkeit, uns selbst zu verstehen und Einfühlungsvermögen uns selbst gegenüber zu zeigen. Durch Introspektion gewonnenes Wissen und Verständnis des Selbsts ist eine der tiefstgehenden Grundlagen einer wahrhaft empathischen Natur, aber diese Eigenschaft, die als „nach innen gerichtete Empathie“ beschrieben werden kann, wird in zeitgenössischen Kulturen häufig unterbewertet.

Viele Therapieschulen konzentrieren sich auf nach außen gerichtete Empathie – unsere Fähigkeit, sich in andere einzufühlen. Acem Meditation erkennt deren Bedeutung an, fokussiert aber mehr auf das introspektive Element der Empathie und das beinhaltet, sich mit dem Unbewussten auseinanderzusetzen. Je mehr introspektives Selbstverständnis aufgebaut wird, desto wahrscheinlicher ist es, dass spontane Empathie ins Spiel kommt.

Die Fähigkeit, die eigenen Gedanken und Gefühle zu untersuchen, ist grundlegend im Hinblick darauf, mit dem eigenen Unbewussten zu arbeiten. In Acem Meditation stärken Sie die Beziehung zu sich selbst und Ihr Unbewusstes durch introspektive Beobachtung Ihres geistigen und emotionalen Erlebens mit der Zeit.

Man kann Acem Meditation auf verschiedene Weise betrachten. Von einer Perspektive aus betrachtet, handelt es sich um eine simple Entspannungsmethode – so einfach ist das. Aus einer anderen Perspektive betrachtet kann Acem Meditation als Mittel, die Grundlagen unseres Innenlebens zu erneuern, betrachtet werden. Während der Meditation können wir von den Strukturen, die normalerweise unsere Ansichten von und unsere Reaktionen auf uns selbst, andere und die Welt um uns herum formen, befreit werden. Diese Freiheit schafft eine Möglichkeit für Veränderung.

Es ist jedoch nicht immer einfach, uns von den kontrollierenden und begrenzenden Strukturen des Geistes zu lösen. Manchmal dringen sie in die Ausführung der Meditation selbst ein und initiieren so einen Prozess, der als „Aktualisierung" bekannt ist, wenn wir in einen unklaren mentalen Zustand geraten, der unentwirrbar erscheint. Indem wir damit in prozessualer Art arbeiten, d.h., indem wir regelmäßig meditieren und mit jemandem über unsere Erfahrungen sprechen, der Anleitung geben kann, werden wir allmählich zu einem Verständnis für die Faktoren gelangen, die unsere Wahrnehmung und unser Verhalten sowohl während der Meditation als auch im Leben im Allgemeinen begrenzen.

Das „meditative Gewirr" zu lockern stellt einen wichtigen ersten Schritt in der Hinsicht dar, dass wir etwas in uns selbst verändern. Es hilft uns, uns besser an einen non-verbalen inneren Dialog zu gewöhnen und subtile, aber bedeutende Veränderungen in unserer Lebensführung herbeizuführen.

Das innere Selbst umstrukturieren

Die Veränderungen, die durch Acem Meditation erreicht werden, finden in erster Linie auf einer inneren Ebene, also in uns, statt. Längere Meditationsphasen stellen eine Möglichkeit dar, manche unserer tieferen, dauerhaften psychischen Rahmen umzustrukturieren. Aspekte von uns selbst, die dauerhaft unterdrückt, verzerrt, unfertig oder ungelebt sind, können einen großen Teil des mentalen und emotionalen Raums einnehmen und zu aufgewühlten, frustrierten geistigen Zuständen führen. Entspannung und geistige Öffnung durch längere Meditation haben einen befreienden Effekt auf diese Facetten unserer Psyche, indem Kanäle freigegeben werden, durch die sie Ausdruck und Erfüllung finden können.

Folglich ist einer der wichtigsten Nutzen von Acem Meditation, dass sie dabei hilft, inneres Potenzial zu aktivieren, das andernfalls verdrängt oder unterdrückt werden könnte. Ein bedeutsamer Weg zur Veränderung eröffnet sich auch während der Meditation durch die Tendenz, dass zerstreute oder fragmentarische Gedanken zusammenhängend und vollständig werden. Verstreute und chaotische Elemente der Identität kommen während der Meditation zusammen, um die bedeutsamen Themen unserer Existenz zu bilden. Wir dürften nun anfangen, Ähnlichkeiten zwischen der Person, die wir während der Meditation sind und die wir im restlichen Leben sind, zu erkennen.

Prozess statt Antwort

Diese Form der Selbsterkundung mittels non-verbaler Introspektion ist sowohl faszinierend als auch bereichernd. Sie wird Teilen unseres suchenden Selbsts gerecht, die ansonsten wenige Ventile finden würden, und führt dazu, dass Erfahrung in Weisheit mündet. Der Psychoanalytiker Jung sprach davon, die Urform des Selbsts zu verwirklichen. Acem Meditation ist eine Art, eine lebendigere Beziehung zum Selbst und zum Unbewussten aufzubauen, indem sie beide der Verwirklichung zugänglicher macht.

Indem wir regelmäßig meditieren, brechen wir auf eine Reise auf, aber wir sollten das nicht in der Erwartung tun, dass sie uns schließlich zu DER Antwort führen wird. Um von Meditation zu profitieren, muss man prozessorientiert sein. Finale oder definitive Lösungen anzustreben wird nur Ihren Fortschritt behindern. Acem Meditation ist keine intellektuelle, philosophische oder psychologische Praxis. Es ist ein intuitives Erfassen des Selbsts, anderer und der Welt, das mit den tieferen und weiseren Anteilen der Psyche in Verbindung steht.

FOTO: TORBJØRN HOBBEL

Metagedanken

Spiegelbilder von Selbstbildern

Von Halvor Eifring

Wenn die Meditation von kritischen Gedanken über unsere Technik und Ausführung bestimmt wird, mag es natürlich erscheinen, zu versuchen, diese zu unterdrücken und „uns zusammenzureißen". Die effektivste Lösung besteht jedoch darin, genau das Gegenteil zu tun: Negative Selbstkritik zu akzeptieren, wie wir es mit jeder anderen Spontanaktivität tun würden. Diese Gedanken sind Spiegelbilder negativer Selbstbilder und wir werden uns allmählich von ihnen befreien, wenn wir sie während der Meditation ziehen lassen.

Wertende Gedanken sind ein wesentlicher Bestandteil der Meditation. Manchmal können sie sogar sehr positiv sein: „Es läuft extrem gut", „Es ist genauso, wie Meditation sein sollte", „Ich habe wirklich etwas erreicht". Häufiger sind sie jedoch negativ: „Ich mache das nicht richtig", „Ich denke zu viel und meine Gedanken sind zu aufdringlich", „In meiner Meditation passiert nichts". In Acems Meditationspsychologie werden Gedanken wie diese „Metagedanken" genannt. Sie stellen eine besondere Herausforderung für Meditierende dar.

Verzerrte Erfahrung – falsche Meditation

Fast jeder, der deutliche Metagedanken während der Meditation erlebt, glaubt, dass sie die Wahrheit sind. Urteile über unsere Ausführung führen zu einer verzerrten Meditationserfahrung und wir reagieren typischerweise damit, dass wir versuchen, unsere Ausführung zu verändern. Diese Sequenz von Ereignissen kann wie folgt zusammengefasst werden:

Meditation	➔	*Urteil*	➔	*Reaktion*

Die Veränderung, die wir anstreben, kann darin bestehen, den Meditationslaut klarer oder energischer zu wiederholen, um die Metagedanken zu übertönen. Alternativ kann es auch sein, dass wir aktiv versuchen, jegliche geistige Aktivitäten, die wir als für die Meditation unangebracht verstehen, zu unterdrücken: Pläne, Tagträume, Ängstlichkeit, Traurigkeit, Schmerz, Ruhelosigkeit, Schläfrigkeit. Auf jeden Fall beinhaltet unsere Reaktion einen gewissen Grad an aktiver Konzentration und führt so zu einer Einschränkung der Gelassenheit und zu falscher Meditation.

Auf Metagedanken auf diese Art zu reagieren, schreibt ihnen eine Richtigkeit zu, die sie nicht verdienen. Metagedanken stellen nicht die Wahrheit über unsere Meditation dar; sie sind nur ein Teil des Gedankenstroms, der während der Meditation frei wird. Wie alle anderen Gedanken, die wir haben können, während wir meditieren, sollten wir Metagedanken einfach erlauben, zu kommen und zu gehen. Sie lassen sich von unseren negativen Selbstbildern ableiten.

Negative Selbstbilder

Metagedanken spiegeln Selbstbilder wider, die uns nicht nur während der Meditation, sondern auch im Alltag beeinflussen. Diese Selbstbilder können auf kompensatorische Art, wie z.B. durch ein hohes Selbstwertgefühl, zum Ausdruck kommen - „Ich fühle mich großartig!“, „Ich habe das extrem gut gemacht!“ Oft sind sie allerdings negativ und stehen mit Verlegenheit oder Scham in Zusammenhang: „Ich bin ein Versager!“, „Ich bin dumm und hilflos“, „Was würden andere Menschen denken, wenn sie mich jetzt sehen könnten?“

Negative Selbstbilder haben ihre Ursprünge in den Prägungen des Selbsts in der frühen Kindheit und sind tief in unserer Psyche verwurzelt. Sie verursachen Probleme, indem sie zu viel von unserem Verhalten kontrollieren. Wir handeln möglicherweise gemäß ihrer Vorstellungen und grenzen so unsere Möglichkeiten im Leben ein. Oder wir investieren viel Energie in den Versuch, Situationen zu vermeiden, die schmerzvolle Selbstbilder verfestigen, sei es bei Prüfungen, in der Öffentlichkeit zu sprechen, mit einem Vorgesetzten zu reden, uns auf eine langfristige Beziehung einzulassen oder uns um andere zu kümmern. In diesem Sinne führen negative Selbstbilder zur Lähmung. Wenn wir Situationen wie diese vermeiden, vermeiden wir auch Herausforderungen, obwohl es uns gut tun würde, uns ihnen zu stellen, sei es im Bereich der Ausbildung, der Karriere, unseres Privatlebens und unserer familiären Verantwortung.

Negative Metagedanken während der Meditation spiegeln diese negativen Selbstbilder wider und unsere Versuche, unsere Meditationstechniken zu verändern, entsprechen den Vermeidungsstrategien, die wir im Alltag anwenden. In beiden Fällen glauben wir, dass die negative Kritik die Wahrheit ist und reagieren darauf, indem wir versuchen, unser Verhalten anzupassen. In beiden Fällen ist diese Reaktion kontraproduktiv, da sie das Problem verschlimmert und uns in einen frustrierenden Teufelskreis lockt.

Den Teufelskreis durchbrechen

Der einzige Weg, den Teufelskreis zu durchbrechen und in unserer Meditation Fortschritte zu machen, besteht darin, die Art und Weise, wie wir Metagedanken erleben, zu verändern. Dies bedeutet, die Wahrnehmung zu verändern, dass negative Metagedanken zuverlässige Indikatoren für ein Problem mit unserer Meditation sind.

Wahrgenommenes
Problem

↓

Meditation → *Urteil* → *Reaktion*

Die Realität ist das komplette Gegenteil: Selbstkritische Gedanken sind das Ergebnis einer korrekten Meditation! Mit

Gelassenheit zu meditieren ermöglicht Selbstbildern, an die Oberfläche des Bewusstseins zu kommen und sich als negative Metagedanken zu äußern. Das einzige Problem diesbezüglich besteht darin, darauf mit dem Versuch zu reagieren, unsere Meditationspraxis durch Konzentration zu verändern.

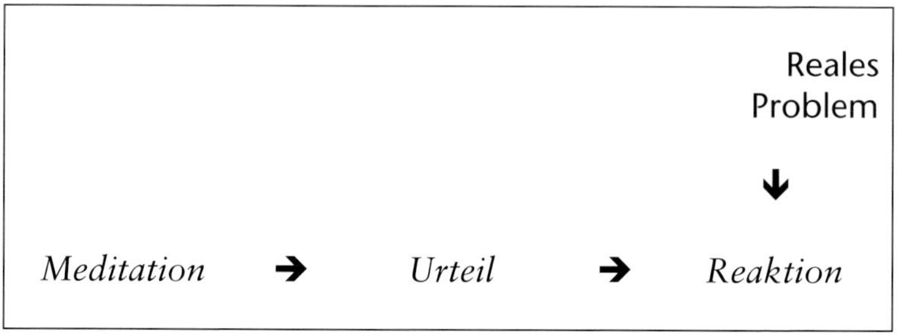

Paradoxerweise besteht die Lösung des Problems der Metagedanken darin, sich von ihnen frei zu machen und sie ziehen zu lassen wie alles andere. Wir müssen damit aufhören, uns selbst „zusammen zu reißen“, uns anzustrengen, den Meditationslaut klarer oder stärker zu machen und die Gedanken und Gefühle, die sich in der Meditation äußern, zu unterdrücken. Kurz gesagt: Wir akzeptieren die Situation wie sie ist, anstatt Energie damit zu verschwenden, zu versuchen, sie zu verändern.

Dies läuft auf einen Perspektivenwechsel hinaus. Wenn wir zum ersten Mal Metagedanken erfahren, kann uns eine negative Sichtweise gefangen nehmen, und es dürfte uns nicht passieren, Dinge auf andere, positivere Art zu sehen. Unsere Meditation mit einem erfahrenen Anleiter zu besprechen kann uns helfen, diese Blindheit oder engstirnige Sichtweise zu überwinden und die Situation mit anderen Augen zu sehen. Die Umklammerung der Metagedanken wird durch die Gelassenheit gelockert, die eine Verschiebung von einem verdüsterten und beschränkten Blickwinkel des Selbsts hin zu einem anderen mit mehr innerer Freiheit ermöglicht.

Indem wir negative Metagedanken akzeptieren, lassen wir Gefühle zu, die von unseren negativen Selbstbildern beeinflusst sind. Das kann schmerzhaft sein, aber es kann sich auch wie eine Erleichterung anfühlen: Wir sind von negativen Verhaltensmustern und begrenzenden psychischen Strukturen befreit und wir bekommen Zugang zu neuen Energiereserven, die zuvor von unterdrückenden, unwillkommenen Selbstbildern, Gedanken und Gefühlen aufgebraucht wurden. Unsere negativen Selbstbilder verschwinden nicht notwendigerweise, aber sie verlieren viel von ihrer Macht, uns zu beeinflussen. Unser grundlegendes Selbstbild wird stabiler und sicherer und wir erlangen mehr Selbstakzeptanz und innere Stärke.

FOTO: TORBJØRN HOBBEL

Acem Meditation und andere Praktiken

Von Are Holen

„Meditation“ ist ein allgemeiner, genauso umfassender Begriff wie z.B. „Sport“, der einen großen Umfang an Praktiken beinhaltet, verschiedene Methoden benutzt und eine Vielzahl von Zielen anstrebt.

Zentrale Aspekte des Phänomens der Meditation sind unten dargelegt mit dem Ziel, die gemeinsamen und unterschiedlichen Merkmale verschiedener Meditationspraktiken zu identifizieren und Acem Meditation einzuordnen.

Naturalistische Meditation

Irgendeine Art von Meditation kann in fast allen Kulturen gefunden werden, sowohl im Osten als auch im Westen. Sogar Menschen, die nicht gelernt haben, wie man meditiert, haben wahrscheinlich Erfahrung mit naturalistischer Meditation, worunter wir einen meditativen Geisteszustand verstehen, der spontan auftritt, wenn jemand in der richtigen Stimmung oder am richtigen Platz ist. Im Allgemeinen werden solche Zustände durch beruhigende, wohltuende oder schöne sinnliche Erfahrungen ausgelöst.

Wenn man in ein Feuer schaut, einem Wasserfall zuhört oder die tiefe Stille der Natur genießt, kann das Bewusstsein anfangen, frei zu fließen, es kann sich so anfühlen, als ob die Zeit stehen bleibt und man kann das Gefühl haben, einfach nur zu existieren.

In der modernen Welt sind naturalistische Meditationen tendenziell nicht religiös, obwohl sie in animistischen Kulturen als Momente der Verbundenheit mit der universalen Seele oder dem universalen Geist erfahren werden können. Naturalistische Meditationen sind normalerweise beruhigend und bereichernd und sie erfüllen eine weit verbreitete menschliche Sehnsucht nach der Einheit mit den Wundern der Natur. Ihr Potenzial als Mittel zu Selbsterkenntnis und Persönlichkeitsentwicklung ist jedoch begrenzt. Da solche Momente spontan auftauchen, können sie nicht im Vorfeld festgelegt werden und im modernen Leben kann es schwierig sein, Bedingungen zu schaffen, die ihnen förderlich sind. Wenn naturalistische Meditation das einzige Mittel ist, den Geist zu verfeinern, kann viel Zeit darauf verwendet werden, darauf zu warten, dass es passiert.

Immer mehr Menschen, die heutzutage die Nutzen von Meditation suchen, lernen eher systematische Praktiken als sich auf naturalistische Meditation zu verlassen. Der Vorteil von systematischer Meditation besteht darin, dass sie durchgeführt werden kann, wann immer es passend ist, egal ob regelmäßig oder gelegentlich, und sie hängt hinsichtlich ihrer Erfolge weniger von Umständen als von Fähigkeiten und dem Verständnis ab.

Verschiedene Ziele von Meditation

Im Allgemeinen dürften Menschen aus zwei verschiedenen Gründen meditieren wollen:

1. Sie wünschen sich, eine bestimmte Stimmung oder einen bestimmten geistigen Zustand zu erleben.
2. Sie wünschen eine langfristige Veränderung Ihrer Gesundheit, Persönlichkeit oder Fähigkeit, mit dem Leben umzugehen.

Im ersten Fall liegt das Ziel in der Meditation selbst. Der Meditierende nimmt eine passive, rezeptive Rolle ein, indem er sich selbst einer intensiven und möglicherweise berauschenden Erfahrung hingibt in der Hoffnung, dass sie sich als erfüllend erweisen wird. Eine „Erlebnisorientierung“ dieser Art kann zu Introversion oder einem Wunsch nach meditativen Zuständen führen, der geradezu wie eine Sucht ist. Das normale Leben wird als trivial betrachtet, während die damit kontrastierenden meditativen Zustände als von äußerster Wichtigkeit und

Bedeutsamkeit erachtet werden. Diese Orientierung kann auch die Betonung der indoktrinalen Rolle eines Lehrers oder Gurus fördern. Die Anleitungen werden oft auf emotionale Art gegeben, wobei starker Gebrauch von Symbolik und figurativer Sprache gemacht wird. Kerzen und Räucherstäbchen können benutzt werden, um eine Atmosphäre der Bedeutsamkeit zu schaffen.

Im Gegensatz dazu fokussiert der zweite Ansatz der Meditation darauf, was sie bewirkt, auf ihre Nutzen und darauf, wie sie den inneren Aufbau einer Person und deren Kapazität, mit dem Leben umzugehen, verändert. „Veränderungsorientierte" Praktiken dieser Art sehen Meditation als ein Mittel zum Zweck – einen Weg, langfristige Ziele zu verfolgen, wie z.B. Verbesserungen im Hinblick auf Gesundheit, Arbeitsleben und Beziehungen. Es besteht die Erwartung, dass Veränderung allmählich stattfindet, durch regelmäßige, tägliche Meditation und ein tiefes Verständnis von psychischen Strukturen und der Meditationspraxis. Acems Ausrichtung ist dieser Art.

Eine Erlebnisorientierung scheint in der heutigen Zeit weiter verbreitet zu sein als eine Orientierung in Richtung Veränderung, vielleicht weil das Fokussieren auf das Erlebnis selbst weniger Einsatz im Hinblick auf eine regelmäßige und herausfordernde Meditationspraxis erfordert. Die Erlebnisorientierung beinhaltet ein gewisses sich Zurückziehen des Meditierenden vom Alltag und der Gesellschaft, wohingegen bei veränderungsorientierten Praktiken die entgegengesetzte Neigung betont wird.

Das Meditationswerkzeug oder -objekt

Alle Arten von Praxis beinhalten ein „Meditationswerkzeug" oder -objekt, das hilft, die Ziele der Meditation zu verwirklichen, indem der Geist nach innen gerichtet wird. Solche Werkzeuge können vielfältige Gestalt annehmen, von inneren mentalen Vorgängen über körperliche mentale Funktionen wie atmen oder Bewegungen, bis zu Zen-Koans, Gebeten, Klängen, Mantren, Objekten oder Symbolen. Die Methoden des Gebrauchs der Meditationswerkzeuge variieren auch.

Manche beinhalten eine intensive Konzentration, Vorstellung oder freie Assoziationen; andere bestehen darin, den Geist zu leeren oder die Gedanken ziehen zu lassen. Gerichtetes oder nicht gerichtetes Denken, die Anwesenheit oder Abwesenheit von Emotionen oder Stimmungen können auch Faktoren des Gebrauchs von Meditationswerkzeugen sein.

Entspannung

Fast alle Arten von Meditation liefern in einem gewissen Umfang körperliche Entspannung. Die Muskeln entspannen sich, der Blutdruck sinkt, der Hautwiderstand steigt, ebenso wie die periphere Blutverteilung. Diese Veränderungen sind mit körperlicher Ruhe assoziiert und sind umfänglich in wissenschaftlichen Studien dokumentiert.

Es gibt zwei grundlegende Arten von Entspannung: Schließende und öffnende. Schließende Entspannung führt oft zu einem Gefühl von Wohlbefinden, entfernt aber den Geist von zugrundeliegenden Themen. Diese Art von Entspannung kann durch aktive Konzentration erreicht werden oder durch gerichtete Meditationstechniken, oder sogar durch narkotisierende Drogen, Alkohol oder Benzodiazepine, wie z.B. Valium. Öffnende Entspannung begünstigt dagegen einen ausgeglichenen Zugang zu unerledigten unbewussten Prozessen und modifiziert so geistige Strukturen und ihren Einfluss auf Wahrnehmungen und Handlungen. Diese Art von Entspannung kann zu dem beitragen, was manche Psychologen als „Regression im Dienste des Ichs“ bezeichnen. Dies beinhaltet eine Veränderung des geistigen Funktionierens in Richtung größere Freiheit, mehr Spontanität, und der Förderung von Verhaltensweisen, die auf den Zugang zum Selbst und auf Selbstakzeptanz richten.

Gerichtete versus nicht gerichtete Ansätze

Wir kommen nun zu einer der grundlegendsten Unterscheidungen zwischen Meditationspraktiken:

1. Gerichtete Techniken (oder Konzentrationstechniken), die stark zustandsorientiert sind

2. Nicht gerichtete Techniken, die dazu tendieren, prozessorientiert zu sein

Der Akt der Konzentration ist gerichteten Techniken inhärent, wohingegen ein frei fließender geistiger Zustand charakteristisch für nicht gerichtete Ansätze ist. Die verschiedenen Meditationsschulen geben spezifische, wenn auch sehr unterschiedliche Anweisungen im Hinblick auf den Gebrauch von Aufmerksamkeit während der Ausführung. Sie variieren zwischen intensiver Konzentration am einen Ende des Spektrums, Achtsamkeit irgendwo in der Mitte und Gelassenheit am anderen Ende.

Bei Konzentrationstechniken geht es darum, als Pförtner am Eingang des Geistes zu stehen und nichts hineinzulassen, was nicht wünschenswert ist. Oft liegt das Ziel darin, alle Gedanken loszuwerden.

Die verschiedenen Arten buddhistischer Meditationen, wie z.B. Vipassana, Chan und Zenmeditationen, werden oft als Achtsamkeitsmeditationen bezeichnet. Achtsamkeit ist jedoch kein einheitliches Konzept; sie beinhaltet ein Spektrum mentaler Haltungen– von hoch fokussierten und konzentrierten, über mittlere Aufmerksamkeit bis hin zu gewissen Zuständen, die der Gelassenheit der Acem Meditation ähneln. Gerichtete Methoden zielen darauf ab, Kontrolle über vorher festgelegte Funktionen zu haben, wie z.B. Entspannung des rechten Arms oder Beins. Unwillkürliche geistige Aktivitäten, wie z.B. Gedanken oder Gefühle, werden als Ablenkungen betrachtet und eines der Ziele gerichteter Meditationstechniken ist es, diese unterhalb der Bewusstseinsschwelle zu halten.

Beispiele gerichteter Praktiken beinhalten:

- Autogenes Training oder progressive Muskelentspannung, die vielleicht die bekanntesten gerichteten Methoden sind, und manchmal als „Entspannung durch Konzentration“ zusammengefasst werden
- Autosuggestion oder Selbsthypnose

- Zahlreiche Techniken der Phantasie oder Vorstellungskraft, einschließlich derer, die von Ignatius Loyola verbreitet wurden, Gründer des katholischen Ordens der Jesuiten, sowie von der modernen Gestaltpsychologie und von anderen
- Viele Varianten der Achtsamkeitsmeditation

Bei nicht gerichteten Techniken ist die spontane geistige Aktivität ein zentrales Element der Meditation. Anstatt diesen Bewusstseinsstrom zu unterbrechen, ist das Ziel, Zugang zu gewinnen, indem man die Kontrolle erschlaffen lässt. An der Schnittstelle zwischen willentlichen und unwillkürlichen Aktivitäten kann es sein, dass man zu faszinierenden und belebenden Gebieten der Psyche Zugang findet, indem man sich durch Atmung entspannt oder durch den freien Bewusstseinsstrom. Nur ein nicht gerichteter Zugang ermöglicht diese Art von Arbeit mit dem Unbewussten. Zielorientierung hat die Tendenz, diese Prozesse zu behindern.

Beispiele von nicht gerichteten Techniken beinhalten:

- Acem Meditation
- Transzendentale Meditation (TM)
- Einige Varianten von Achtsamkeitsmeditation (d.h. buddhistische Meditation)

Bei transzendentaler Meditation ist das Werkzeug ein Mantra. Normalerweise ist der Atem das Werkzeug bei Achtsamkeitsmeditation. Die Kernelemente von Acem Meditation sind der Meditationslaut und der Bewusstseinsstrom, der aus Gedanken, Gefühlen, Körperwahrnehmungen, Erinnerungen etc. besteht.

Gerichtete und nicht gerichtete Techniken eignen sich für verschiedene Zwecke. Wenn man Hilfe benötigt, um ein spezifisches Problem in den Griff zu bekommen oder um ein bestimmtes Ziel zu erreichen (z.B., Schmerz zu überwinden), sind gerichtete oder konzentrative Techniken am besten, weil diese so ausgerichtet sein können, dass sie bestimmte Bedürfnisse erfüllen. Wenn die Ziele von Meditation breiter

	Gerichtete Techniken (Konzentrationstechniken)	Nicht gerichtete Techniken
Orientierung	Zielorientiert; Prozessorientierung ist unmöglich	Prozessorientiert, vor allem wenn der Kontext nicht religiös oder nicht kultisch ist
Religiöse Techniken	• Techniken der Phantasie oder Vorstellungskraft, einschließlich derer von Ignatius Loyola • Jesus Meditation • Hinduistische und buddhistische Meditation	• Mahesh Yogis Transzendentale Meditation (TM) • Zenmeditation in einem religiösem Kontext
Nicht religiöse Techniken	• Autogenes Training • Techniken der Phantasie oder Vorstellungskraft in der modernen Gestaltpsychologie und der Psychosynthese • Techniken der Selbstsuggestion oder Selbsthypnose • Die meisten Varianten von Achtsamkeitsmeditation	• Einige Varianten von Achtsamkeitsmeditation • Zenmeditation außerhalb eines religiösen Kontexts • Acem Meditation

sind – Selbsteinsicht erlangen, ein stärkere Wahrnehmung des Unbewussten und schließlich Persönlichkeitsentwicklung – werden nur die nicht gerichtete Techniken effektiv sein.

Religiöse versus nicht religiöse Techniken

Eine andere fundamentale Unterscheidung besteht zwischen Kontexten der Meditation, nämlich religiös oder nicht religiös. Die meisten Meditationsarten stammen historisch von Religionen ab, z.B. vom Hinduismus, Buddhismus, Katholizismus oder einem Gurukult. Heute wird Meditation jedoch im Allgemeinen eher psychologisch als religiös aufgefasst und wird oft ohne die Festlegung auf einen bestimmten Glauben praktiziert. Manche Menschen argumentieren damit, dass Religion auf subtile Art eine Zielorientierung einsetzt, um die Grundsätze ihres Glaubenssystems zu unterstützen und dass tiefe psychische Einsicht und Entwicklung deshalb nur in einem neutralen, nicht religiösem Kontext stattfinden können.

Manche Arten von Yoga und Zenmeditation werden heutzutage außerhalb eines religiösen Kontexts praktiziert, aber transzendentale Meditation (TM) ist stark mit dem Kult und der Kosmologie von (Maharishi) Mahesh Yogi assoziiert. In dieser Hinsicht weicht sie signifikant von Acem Meditation ab, die nicht an ein spezifisches religiöses Glaubenssystem geknüpft ist.

Acem Meditation

Zusammenfassend kann Acem Meditation als ein systematischer, nicht gerichteter, nicht religiöser Meditationsansatz beschrieben werden, der auf dem Gebrauch einer einfachen Kombination aus Lauten und dem Freisetzen der spontanen Aktivitäten des Geistes basiert. Auf den Punkt gebracht geht es bei Acem Meditation darum, ein mentales Klima der Akzeptanz zu schaffen, das die spontane Entfaltung des

Bewusstseins fördert. Dies beinhaltet eine öffnende Entspannung des Körpers und des Geistes und Forschungsergebnisse zeigen, dass durch Acem Meditation mehr körperliche und geistige Entspannung erreicht wird als durch Techniken wie z.B. progressive Muskelentspannung. Acem Meditation ist stark prozessorientiert, anstatt auf spezifische Erlebnisse und Ziele ausgerichtet zu sein, aber sie ist sowohl geistig als auch körperlich hocheffektiv. Sogar unregelmäßiges Ausführen führt zu Ergebnissen, aber tiefe Prozesse der Veränderung erfordern tägliches Üben über Monate und Jahre hinweg.

FOTO: TORBJØRN HOBBEL

Meditationsanleitung

Zwei sind nötig, um einen zu sehen

Von Halvor Eifring

Wenn Sie Ihre Meditation mit einem qualifizierten Anleiter diskutieren, hilft Ihnen das, das Potenzial für Weiterentwicklung, das Acem Meditation bietet, stärker auszunutzen. Anleitung dieser Art wird von Zeit zu Zeit empfohlen, auch wenn man kein Problem mit der Meditation hat. Sie wird die Qualität ihrer Ausführung und die Effektivität erhöhen. Auch die Verbindungen zwischen Ihrer Meditation und Ihrem Leben können sich abzeichnen und so die Persönlichkeitsentwicklung fördern.

Aktualisierungsphasen

Unseres Wissens ist die Art von Anleitung, die bei Acem Meditation gegeben wird, einzigartig. Sie gründet in Acems Verständnis von „Aktualisierung".

Wenn man eine Zeit lang meditiert hat, kommt man typischerweise mit sogenannten Aktualisierungsphasen in Kontakt. In diesen beeinflussen Ihre Persönlichkeit und charakteristische Verhaltensweisen Ihre Art, zu meditieren, sodass Sie anfangen, von der Haltung der Gelassenheit abzuweichen, die das zentrale Prinzip der Acem Meditation ist. Ohne Anleitung etabliert sich dieses Muster der Meditation leicht. Anleitung hilft Ihnen, Ihre Ausführung zu modifizieren und so einen der ersten Schritte in Richtung persönliches Wachstum zu machen.

Andere Meditationsschulen gehen mit diesen Herausforderungen anders um. Nicht alle Techniken haben dasselbe Potenzial für Aktualisierung und sogar eine effektive Technik wird keine Aktualisierung mit sich bringen, wenn die Zeit, die man für tägliche Meditation aufwendet, zu kurz ist.

In Acem ist Anleitung eine Möglichkeit, herauszufinden,

ob die Erfahrungen des Meditierenden nahe legen, dass er auf dem richtigen Weg ist. Wenn der Meditierende sich jedoch zu sehr damit beschäftigt, die richtigen Arten von Erfahrung, Gefühlen oder Geisteszuständen zu erlangen, hat dies die Tendenz, die geistige Freiheit einzuschränken. Acems Verständnis zufolge ist das Gemeinsame verschiedener Meditierender nicht so sehr der Inhalt der Meditation, sondern die Ausführung, also das, was man tatsächlich tut, während man meditiert.

Langfristiger Prozess

Wenn man die grundlegenden Prozesse von Acem Meditation kennt, geht es in der Anleitung weniger darum, Informationen zu liefern als darum, die eigene Meditation zu erkunden. Der Anleiter gibt wenige Antworten, aber stellt viele Fragen. Wenn Probleme auftauchen liegt das oft daran, dass man Zugang zu Bereichen des Geistes erlangt hat, die blinde Flecken enthalten. Um das Problem zu lösen, muss man klarer sehen und deshalb braucht man Hilfe. „Zwei sind nötig, um einen zu sehen." Die Fragen des Anleiters veranlassen einen dazu, einen Blickwinkel einzunehmen, an den man selbst nicht gedacht hat. So kann Anleitung zu einer faszinierenden Entdeckungsreise sowohl für einen selbst als auch für den Anleiter werden.

Gelegentlich kann man in Versuchung geraten, dem Anleiter den Ball zuzuspielen in der Hoffnung, dass er entscheiden wird, worüber man sprechen wird. Wenn das passiert, wirft der Anleiter einem den Ball immer zurück. Es liegt an Ihnen, nicht am Anleiter, das Diskussionsthema zu definieren. Am Anfang mag sich das komisch anfühlen, aber allmählich, wenn man anfängt, über die eigene Meditation zu sprechen, wird man feststellen, dass dies den Weg zu weiteren Einsichten fördert.

Anleitung liefert nicht immer eine Lösung oder eine Antwort. Die wichtigste Aufgabe besteht darin, sich darüber klar zu werden, wo das Problem liegt. Meditation ist ein langfristiger Prozess. Während manche Probleme sofort gelöst werden können, brauchen andere länger. Diejenigen, die mehr Zeit erfordern, sind oft fundamentaler und deshalb wichtiger.

Worüber sollte man in einer Sitzung mit Anleitung sprechen? Die grundlegende Antwort ist: Über alles, das einem hinsichtlich des eigenen Meditationsprozesses einfällt. Der Fokus mag auf Ihren Meditationsangewohnheiten liegen, auf der Art, wie man meditiert (technische Anleitung), auf Themen, die während Langmeditationen im Geist auftauchen (Prozessanleitung), oder auf Kombinationen aus allem.

Meditationsangewohnheiten

Wenn Ihre Meditationsangewohnheiten unregelmäßig sind, sollten Sie das wahrscheinlich mit ihrem Anleiter diskutieren, da es bedeutsame Konsequenzen hinsichtlich der Effekte der Meditation haben wird. Acem empfiehlt zwei halbstündige Meditationseinheiten jeden Tag oder alternativ eine tägliche Meditation von 45 Minuten. Dies liefert die beste Basis für gute Entspannung und langfristige persönliche Entwicklung.

Das Ziel von Anleitung ist es nicht, Sie davon zu überzeugen, solche Meditationsangewohnheiten zu übernehmen, sondern herauszufinden, warum das manchmal schwierig ist.

Als erstes müssen Sie Ihre eigene Motivation abklären. Nicht jeder möchte regelmäßig meditieren. Einige benutzen die Technik, um mit gelegentlichem Stress umzugehen, während andere hingegen Meditation hauptsächlich erlernt haben, um einen Freund oder einen Angehörigen zu begleiten und nur daran interessiert sind, gelegentlich zu meditieren.

Aber selbst wenn man sich regelmäßige Meditation angewöhnen will, kann es sein, dass man es immer noch schwierig findet. In diesen Fällen besteht das Ziel von Meditationsanleitung darin, die Gründe für diese Schwierigkeit herauszufinden und Ihnen zu helfen, Meditationsangewohnheiten aufzubauen, die Ihren Zielen besser entsprechen.

Externe Faktoren haben einen offensichtlichen Einfluss auf die Meditationsangewohnheiten. Die meisten haben einen vollen Terminkalender, der Arbeit, Familie, Freunde, Haushaltspflichten und Freizeitaktivitäten unter einen Hut bringen soll. Außerdem kann es schwierig sein, die richtige Umgebung für die Meditation zu finden.

Weniger offensichtlich können unregelmäßige Meditationsangewohnheiten ihren Ursprung in bewussten oder unbewussten Widerständen haben. In manchen Zeiten schafft man es vielleicht, regelmäßig zu meditieren trotz externer Faktoren; in anderen Zeiten mag der Widerstand die Oberhand gewinnen.

Ein solcher Widerstand ist oft das Ergebnis von Aktualisierungsphasen, während derer typische Verhaltensmuster in Ihrer Meditationspraxis zum Ausdruck kommen. Dies ermöglicht Veränderung, aber kann sich auch etwas beunruhigend anfühlen und Widerstände Ihrerseits hervorrufen. Auch wenn Sie sich dieser Widerstände überhaupt nicht bewusst sind, kann es immer noch dazu führen, dass Sie Ihre Meditationszeit verkürzen. Es kann sein, dass Sie einen Meditationsanleiter brauchen, um zu entdecken, dass diese Entgleisung Ihrer Meditationsangewohnheiten nicht auf externe Faktoren zurückzuführen ist, sondern auf Ihren Prozess. Da Aktualisierung Sie normalerweise an Gelassenheit hindert, kann sich der Fokus der Anleitung allmählich von Ihren Angewohnheiten auf die Art, wie Sie meditieren, verlagern.

Technische Anleitung

Einige der wichtigsten Angelegenheiten, die während der Meditationsanleitung normalerweise auftauchen, beziehen sich darauf, wie Menschen meditieren. Dies ist weniger offensichtlich, als man denken könnte. Meditierende beginnen ihre Sitzung mit Anleitung normalerweise damit, ihr Problem in Form des spontanen Inhalts ihrer Meditation zu definieren anstatt in Form ihrer tatsächlichen Meditationspraxis. Sie können sich unfähig fühlen, dasselbe gute Gefühl in ihrer Meditation zu erreichen wie zuvor oder sie fühlen sich ruhelos, können schwer entspannen, sind von Gedanken überwältigt oder haben den Eindruck, dass der Meditationslaut zu leicht verblasst.

Der Inhalt ist jedoch nicht das beste Kriterium für eine gute Meditation. Was man in der Meditation fühlt ist viel weniger wichtig als die Art, wie man mit seinen Gefühlen umgeht. Es ist ergiebiger, zu diskutieren, was man tut, wenn man meditiert, und der Anleiter wird deshalb Fragen stellen, die den Fokus auf Ihre eigentliche Praxis verschieben, z.B. „Wie beeinflusst es Ihre Wiederholung des Meditationslautes, wenn Sie sich ruhelos fühlen?"

Weil solche Einflüsse in der Grauzone des Bewusstseins stattfinden, ist es nicht leicht, Fragen wie diese zu beantworten. Es kann verlockend sein, in Klischees zu verfallen, wie z.B. „Ich wiederhole den Meditationslaut mit Gelassenheit." Aber Fragen, die sich mit Ihrer Meditationspraxis beschäftigen, berühren blinde Flecken im Geist und es ist wichtig, sie zu reflektieren. Allmählich kann es möglich sein, einen neuen Rahmen für das Problem zu finden, der sich normalerweise um die Art, wie Sie meditieren, situieren wird. Zum Beispiel können Sie feststellen, dass Sie den Laut mit einem hohen Kraftaufwand wiederholen, um es zu vermeiden, in spontane Gedankenströme gezogen zu werden, oder dass Sie Gefühle von innerer Unruhe oder Ruhelosigkeit unterdrücken, weil Sie glauben, dass Sie kein richtiger Bestandteil der Meditation sind. Auch wenn dies dem Prinzip der Gelassenheit widerstrebt, glauben Sie – in Ihrer Blindheit – dass Sie keine andere Wahl haben.

Wenn Sie merken, dass das Problem nicht im Inhalt Ihrer Meditation liegt, sondern in der Art, wie sie damit umgehen, können Sie anfangen, die Situation zu beeinflussen. Dies impliziert eine Verlagerung von einer Art Passivität hin zu einer aktiven und verantwortungsvollen Einstellung zur Meditation – und, anschließend, zum Leben.

Meditation und Leben

Wenn die Anleitung offen gelegt hat, dass Sie den Meditationslaut in einer Weise wiederholen, die Sie von der freien, offenen Haltung abweichen lässt, ist die nächste Frage, warum. Was ist Ihre innere (und vielleicht unbewusste oder halbbewusste) Motivation, um diesen Weg zu wählen? Warum wird es z.B. so wichtig, spontane Gedanken fernzuhalten, dass Sie viel Kraft darauf verwenden, den Meditationslaut zu wiederholen?

Vielleicht ist die Antwort, dass der Gedankenstrom Gefühle enthält, die Sie gern auf Distanz halten. Oder vielleicht fühlt das Verblassen des Meditationslautes sich wie ein Versagen an und Sie können es deshalb nur schwer akzeptieren.

Themen wie diese haben ihre Ursprünge in der Psychologie des Selbsts. Sie werfen eine andere wichtige Frage auf: Wie sieht die Verbindung zwischen Ihrer Art und Weise, mit der Meditation und mit dem Leben umzugehen, aus?

Die Art und Weise, wie Sie meditieren, spiegelt die grundlegenden Arten wider, wie Sie mit existenziellen Herausforderungen umgehen. Wenn Sie einer idealistischen Art, den Meditationslaut zu wiederholen, verfallen sind, sind Sie möglicherweise auch im Leben übermäßig perfektionistisch und haben die Tendenz, selbstkritisch zu sein oder ein niedriges Selbstwertgefühl zu kompensieren, indem Sie allzu selbstsicher sind.

Acem Meditation stellt eine seltene Möglichkeit dar, sich solcher persönlicher Themen bewusst zu werden und sie durchzuarbeiten. Anleitung ist wertvoll, weil sie solche Prozesse stimuliert.

Prozessanleitung

Auf Acem Meditationsretreats, die mehrere aufeinanderfolgende Tage mit Langmeditationen beinhalten, fängt Ihre Spontanaktivität allmählich an, sich um wichtige Lebensthemen zu drehen. Dies gilt vor allem für Vertiefungsretreats, wo Sie mehr als sechs Stunden täglich meditieren. In solchen Kontexten kann eine sogenannte Prozessanleitung nützlich sein. Zusätzlich dazu, dass Sie die Art und Weise, wie Sie meditieren, diskutieren, beschäftigt sich diese Form von Anleitung mit dem Inhalt Ihrer Meditation. Sie erhalten eine Möglichkeit, die Lebensthemen, die Zugang zu Ihrem Geist gefunden haben, zu entdecken, zu erkunden und durchzuarbeiten.

Einfach ausgedrückt machen Langmeditationen unbewusstes Material halbbewusst, während das Sprechen über dieses Material es ins Bewusstsein bringt. Wenn man vage Gedanken in Worte fasst, werden sie allmählich klarer.

Während der Meditation scheinen Gedanken oft fragmentarisch und ohne tiefere Bedeutung. Nach der Meditation geraten sie leicht in Vergessenheit, fast so wie Träume, wenn man sie nicht bewusst zurückholt. Wenn man seine Gedanken in einer Gruppe mit Anleitung teilt, kann man entdecken, dass es einen roten Faden in dem, was zunächst fragmentarisch erschien, gibt. Allmählich nehmen die Konturen eines Lebensthemas Form an.

Auf einem Retreat teilte z.B. ein Teilnehmer einige Gedanken, die er während einer Langmeditation hatte. Einer dieser Gedanken hatte mit der Meditation selbst zu tun. Der Meditationslaut war ziemlich verschwommen geworden, was ihm zu dem Verdacht brachte, dass er zu wenig Energie für ihn aufbrachte und dass der Meditationsanleiter kritisch in Bezug auf die Art, wie er meditierte, wäre. Ein anderer Gedanke hatte mit einem Mädchen zu tun, das er im College kennengelernt hatte. Sie war ein nettes Mädchen, aber zu dieser Zeit hatte er den Eindruck, dass sie nicht hübsch genug war und er wollte nicht, dass andere sie zusammen sehen würden. Wieder ein anderer Gedanke hatte mit seinem Job zu tun. In letzter Zeit hatte sein Chef angefangen, sich über seine Unfähigkeit, eigenständige Entscheidungen zu treffen und seine Tendenz, wegen jedem kleinsten Detail mit seinem Vorgesetzten Rücksprache zu halten, zu beschweren. Oberflächlich betrachtet gab es keine Verbindung zwischen diesen drei Gedankengängen, aber die Gefühle, die in allen von ihnen auftauchten, waren eigentlich ziemlich ähnlich. In der Meditation, in Bezug auf das Mädchen, das er einst kennenlernte, in seinem gegenwärtigen Job und in zahlreichen anderen Lebenslagen vertraute er nicht auf sich selbst und verließ sich auf das Urteil anderer. In einigen Langmeditationen kehrte diese Thematik in verschiedenen Formen zurück und er benutzte die nächste Gruppe mit Anleitung, um miteinander verwandte Gedanken, Gefühle und Assoziationen zu teilen. Allmählich wurde ihm bewusster, wie viel Gewicht er den Ansichten anderer Menschen beigemessen hatte. Allmählich lernte er, seinem eigenen Urteil zu vertrauen und unabhängiger zu werden.

Die Verbindungen zwischen den verschiedenen Fragmenten Ihrer Meditation wahrzunehmen, ist nicht einfach. Aber diese Geschichte macht deutlich, wie der Inhalt Ihrer Gedanken (in diesem Fall über das Mädchen und den Chef) von denselben zugrundeliegenden psychischen Prozessen geprägt ist. Prozessanleitung zielt darauf ab, einige dieser Kräfte zu modifizieren.

Individuelle Anleitung und Gruppenanleitung

Meditationsanleitung kann in Gruppen durchgeführt werden oder individuell gegeben werden. Jeder Ansatz hat seine Vorteile.

Sie können jeden erfahrenen Acem Kurslehrer kontaktieren im Hinblick auf individuelle Anleitung. Eine Sitzung dauert normalerweise 30-45 Minuten. Individuelle Anleitung fokussiert auf Meditationsangewohnheiten und technische Angelegenheiten. Weniger häufig liegt der Schwerpunkt auf dem Inhalt, was eine Möglichkeit zur vertieften Erkundung relevanter Themen darstellt. Während individueller Anleitung ist die gesamte Sitzung Ihrer Meditation gewidmet. Das Vier-Augen-Setting erleichtert es manchen Menschen, frei zu sprechen, ohne sich darüber Sorgen zu machen, was andere über das, was sie sagen, denken könnten.

Gruppenanleitung wird normalerweise in Kursen und auf Retreats angeboten, in speziellen Gruppen mit Anleitung und nach Langmeditationen. Jede Sitzung dauert normalerweise 1-2 Stunden. Wie individuelle Anleitung beschäftigt sich auch die Gruppenanleitung mit Meditationsangewohnheiten und technischen Angelegenheiten, aber nach Langmeditationen, vor allem auf Vertiefungsretreats, liefert sie auch vielfältige Möglichkeiten, den Inhalt Ihrer Meditation zu besprechen.

Im Unterschied zu Kommunikationsgruppen und anderen gruppenpsychologischen Aktivitäten bei Acem besprechen Gruppen mit Anleitung selten die Qualität der Interaktion zwischen den Gruppenmitgliedern. Jeder Teilnehmer darf auf seine Themen näher eingehen, ohne die Reaktionen anderer zu berücksichtigen. Trotzdem entwickelt sich allmählich ein Gruppenprozess. Was ein Teilnehmer einbringt, wird oft andere dazu inspirieren, über ähnliche Themen der eigenen Meditation oder des eigenen Lebens nachzudenken. Ziemlich oft besteht die Tendenz, dass die Themen, die von einzelnen Mitgliedern zur Sprache gebracht wurden, in einer Art Gruppenthema zusammenlaufen.

In einer Gruppe kann die Gegenwart anderer von manchen Menschen als eine Hürde, sehr persönliche Themen zu besprechen, empfunden werden. Wenn diese Hürde überwunden ist, hat der Austausch in einer Gruppe jedoch tiefgreifende Effekte auf die Mitglieder.

Erfüllung

Das Ziel von Meditationsanleitung ist es, Ihnen dabei zu helfen, besser zu meditieren und dadurch ein erfüllteres und bereichernderes Leben zu führen.

Anleitungsgespräche fokussieren auf unregelmäßige Angewohnheiten, Meditationsprobleme und Lebensthemen, die noch durchgearbeitet werden müssen. Der Zweck besteht darin, den Geist für höhere Ebenen an Erfüllung bei der Arbeit und in Beziehungen zu öffnen.

FOTO: TORBJØRN HOBBEL

Der Meditationslaut

Von Torbjörn Hobbel und Halvor Eifring

Die mühelose Wiederholung eines bedeutungslosen Lautes, der aus einer sorgfältig ausgewählten Zusammensetzung von Klängen besteht, mag einer der effektivsten Wege für Meditation sein.
Ein Acem Meditationslaut ist ein Werkzeug für Meditation, das der Meditierende benutzt, um die Aufmerksamkeit nach Innen zu richten. Es handelt sich um eine sprachinhaltlich bedeutungslose, aber wirksame Kombination von Vokalen und Konsonanten, die mühelos mit einer freien Geisteshaltung wiederholt wird.

In der Praxis ist die wichtige Frage, wie der Meditierende den Laut benutzt, also wie die Geisteshaltung ist, mit der der Laut wiederholt wird. Nur die Wirkungen der Meditationspraxis weisen den Wert des Lautes nach.

An dieser Stelle werden wir jedoch einige grundlegende Aspekte des Meditationslautes zu klären versuchen.

Die Wahrnehmung des Hörens

Die meisten Meditationsverfahren benutzen ein Hilfsmittel. Die Hilfsmittel können mit der Atmung (wie in Pranayama und Zen), mit Körperbewegungen (wie in Hatha Yoga und Geh-Meditationen) oder mit Sinneswahrnehmungen (zum Beispiel wird die Sehkraft oft für Meditation in verschiedenen Varianten von Tratak und für Visualisierung benutzt) verbunden sein.

In Acem Meditation benutzen wir die Sinneswahrnehmung des Hörens. Der Kern der Praxis liegt im mühelosen Anhören eines Meditationslauts, der in Gedanken wiederholt wird. Die Hervorhebung des Hörens macht es einfacher, das Meditationswerkzeug als reinen Laut zu verstehen.

Nach Acem zu meditieren, bedeutet nicht zu spekulieren oder zu spüren, sondern es bedeutet, einen Laut im Geist zu produzieren und ihn gleichzeitig zu hören. Die Technik involviert sowohl eine innere Handlung (den Laut zu wiederholen) als auch innere Aufmerksamkeit (den Laut wahrzunehmen).

Neutraler Laut

Acem Meditationslaute ähneln Wörtern in ihrer Zusammensetzung aus Vokalen und Konsonanten. Aber der wichtigste Aspekt eines Wortes ist seine Bedeutung und diese hat keine Relevanz beim Meditationslaut. Ein Acem Meditationslaut hat einfach keine sprachinhaltliche Bedeutung, weder offenbar noch verborgen. Seine Signifikanz liegt in der Zusammenstellung von Lauten und im Rhythmus.

In der Acem Meditation ist die Neutralität des Meditationslautes entscheidend. Ihr Zweck besteht darin, dem Geist zu helfen, seine eigene Agenda zu bestimmen. Wenn der Meditierende dem Laut intellektuelle oder emotionale Bedeutung beimisst, wird das Ergebnis weit weg von Acem Meditation sein und die Effekte und Prozesse werden auch anders sein.

Die Notwendigkeit von Neutralität ist der Grund, warum Sie den Laut nicht anderen sagen sollten und ihn nicht aufschreiben sollten. Dies würde assoziative Verbindungen zur Umwelt schaffen und die Wirkungen eines neutralen Lautes reduzieren.

Laut mit Effekt

Ein Acem Meditationslaut ist zwar ohne sprachinhaltliche Bedeutung, aber er ist auch keine zufällige Kombination von Vokalen und Konsonanten. Die Bildung von Meditationslauten beruht auf Intuition und auf Erfahrung mit meditativen Prozessen. Wenn der Laut vom Meditierenden nach den Prinzipien der freien Geisteshaltung benutzt wird, hat er tiefgreifende Wirkungen auf Körper und Geist.

Es gibt Laute in der Natur, die einen positiven Wert für die meisten von uns haben, obwohl sie keine sprachinhaltliche

Bedeutung haben. Das Rauschen der Wellen am Meer, das Flüstern des Windes in den Blättern, im Bach plätscherndes Wasser, der Klang eines entfernten Gewitters.

Diese Laute haben eine ganz andere Wirkung auf uns als der Lärm einer Klimaanlage oder eines Ventilators, einer Baustelle oder von Bussen, die Abgase ausstoßen.

Musik ist wahrscheinlich das beste Beispiel für einen reinen Laut mit Effekt.

Jenseits von Bedeutung

Ein Laut an sich hat keine Bedeutung. Sinn ist etwas, was man einem Laut verleiht. Das gilt sogar für die Laute der Sprache. Wörter haben auch Wirkungen jenseits ihrer semantischen Bedeutung. Wenn Sie Poesie in einer unverständlichen Fremdsprache hören, kann Sie das trotzdem fesseln und faszinieren, allein wegen des Rhythmus und den Klängen. Dieser Effekt wird oft in Ritualen genutzt, wie beim Singen der uralten Vedas in Indien, bei der Rezitation des Herz Sutra im Buddhismus oder bei in Latein abgehaltenen Teilen katholischer Messen. Wenige der Zuhörerer verstehen die Wörter, aber sie erfahren eine Wirkung nur durch das Anhören.

Einige können vielleicht diesen Effekt der verborgenen Bedeutung der gehörten Wörter zuschreiben. Aber die Wirkung von einem Acem Meditationslaut ist nur an seinen Klang und Rhythmus gebunden – und daran, wie er benutzt wird.

Meditative Effekte von Lauten

Die Tatsache, dass verschiedene Laute unterschiedliche Wirkungen auf unseren Geist haben, hat man in wissenschaftlichen Studien dokumentiert. In einer Studie mit funktioneller Magnetresonanztomographie (fMRT, eine Art Gehirn-Scanning), wurde die Wiederholung eines Meditationslauts mit anderen Lautkombinationen verglichen, die zufällig zusammengesetzt waren, wie zum Beispiel „liskebrök". Die Meditationslaute riefen im Gehirn typische meditative Reaktionen hervor, die anderen Lautkombinationen aber nicht.

Traditionelle Erklärungen für die meditativen Wirkungen von Lauten sind oft kosmische Vibrationen oder die Korrelation zwischen bestimmten Lauten und metaphysischen Prinzipien. Eine eindeutige Erklärung für die Effekte von meditativen Lauten ist aber genauso schwierig wie eine gute theoretische Erläuterung der Wirkungen von Musik und Poesie.

In menschlicher Sprache haben Laute oft expressive Zwecke. Zum Beispiel benutzen die meisten Sprachen Laute wie „i", um Kleinheit auszudrücken, so wie im Deutschen „winzig" oder im Englischen „teeny-weeny". Wenn man Personen mit ganz verschiedenen Muttersprachen auffordert, die Figuren unten mit den bedeutungslosen Wörtern maluma oder takete zu benennen, finden alle unabhängig von der Muttersprache, dass maluma der beste Name für die Figur links ist und takete für die Figur rechts.

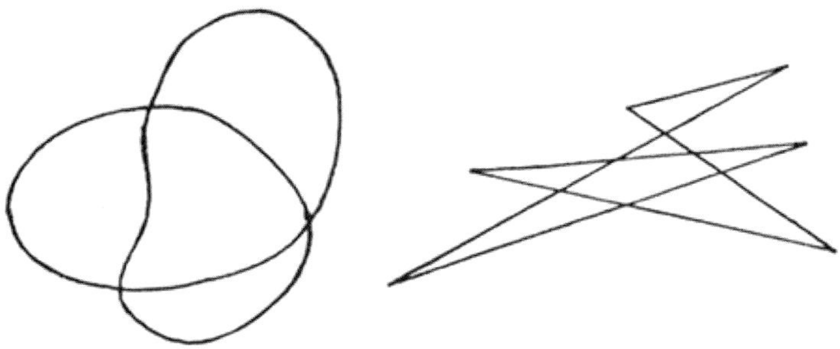

Das bedeutet nicht, dass Sprachlaute bestimmte Bedeutungen haben, nur dass sie manchmal gewisse Assoziationen oder geistige Resonanzen hervorrufen. Einige von diesen Reaktionen können mit der Verwendung von Lauten in Musik, Poesie – und Meditation verbunden sein.

Öffnung des Geistes

Geschichtlich hat die Verwendung von Lautkombinationen als Werkzeug in der Meditation oft ihren Ursprung in indischen Mantras, aber sie sind auch innerhalb einiger Formen von christlichen Gebeten zu finden und in der dihkr, die von Muslimen der Sufi Tradition parktiziert wird.

Indische Mantras werden auf viele verschiedene Weisen benutzt und für unterschiedliche Zwecke: Gebet und Hingabe, philosophische Spekulation, Rituale, Gruppengesänge, um Gedanken aus dem Kopf zu verdrängen usw.

Der Zweck des Acem Meditationslautes ist jedoch anders. Er ist ein Werkzeug, um eine offene, gelassene Geisteshaltung zu schaffen. Der Meditationslaut erzeugt, wenn er mit einer freien Geisteshaltung wiederholt wird, eine Art Tabula rasa im Geist, damit das, was sich im Unbewussten befindet, während der Meditation zum Ausdruck kommen kann und dadurch verarbeitet wird. Die Ausführung liefert tiefen Stressabbau und löst unfertige Reste der Vergangenheit. Mit der Zeit macht regelmäßige Meditation den Meditierenden aufmerksamer hinsichtlich dessen, was unterschwellig im Leben passiert.

Wenn wir Dias anschauen möchten, brauchen wir einen Projektor und eine Leinwand. Wenn die Leinwand nicht leer und farblos ist, ist das, was wir sehen, verzerrt, da das Muster auf der Leinwand die projizierten Bilder überschattet. In Acem Meditation ist der Projektor unser Unbewusstes, so wie es in den spontanen Aktivitäten des Geistes zum Ausdruck kommt, und die Leinwand ist die freie Geisteshaltung, die der Meditierende mithilfe der Wiederholung und des Hörens des gegebenen Lautes erschafft.

Laut in Gedanken

Traditionell können Mantras laut, gemurmelt, geflüstert, subvokalisiert oder geistig rezitiert werden. In Acem Meditation wird der Laut immer als Gedanke wiederholt.

Während die Artikulation eines physischen Lautes dazu tendiert, den Geist an der Oberfläche zu halten, hat die geistige Wiederholung einen tiefergreifenden Effekt. Dies wird von mehreren meditativen Traditionen erkannt.

In den täglichen Meditationen wiederholen einige den Meditationslaut im Rhythmus der Atmung oder der Herzschläge.

Bei anderen wird das Produzieren des Lautes unwillkürlich von einer geringen muskulären Spannung in den Sprechorganen begleitet. All das ist in Ordnung, solange es die Wiederholung des Lautes mit geringst möglicher Anstrengung repräsentiert. Aber der Fokus unserer Aufmerksamkeit sollte auf dem Laut selbst ruhen, nicht auf der Atmung, dem Herzschlag oder den Sprechorganen.

Während Vertiefungsretreats in Acem Meditation, wenn wir länger als sechs Stunden täglich eine Woche oder länger meditieren, kann man Übungen praktizieren, die einem helfen, die geistige Wiederholung des Lautes noch weiter zu verfeinern.

Freie Geisteshaltung

Zusammenfassend zeigen Erfahrung und wissenschaftliche Studien, dass ein Laut ein effektives Werkzeug für Meditation sein kann, vielleicht wirksamer als andere Meditationsobjekte. Darüber hinaus scheinen bestimmte Lautkombinationen geeigneter für Meditation zu sein als andere.

Außerdem sollten die benutzten Lautkombinationen neutral und mit keinen festen Bedeutungen oder Assoziationen verbunden sein, wenn die Motivation für Meditation darin besteht, ein besseres Verständnis hinsichtlich Einflüssen des Unbewussten zu erreichen, und mit Begrenzungen, die von der eigenen Persönlichkeit verursacht werden, zu brechen.

Ein in Gedanken wiederholter Laut ist wirksamer als ein gesprochener Laut.

Zuletzt sei gesagt, dass das entscheidende Element die Art und Weise, wie der Laut wiederholt wird, ist. Für Gebete und Andachten kann es nützlich sein, den Laut mit intensiver Konzentration zu wiederholen, so wie es manchmal in religiösen Kontexten empfohlen wird. Aber für Entspannung und psychische sowie existenziell Entwicklung ist die freie, offene Geisteshaltung in Acem Meditation der beste Weg, um gute Effekte zu gewährleisten. Die Wiederholung des Lautes sollte ohne jegliche Anstrengung geschehen, so mühelos wie möglich.

FOTO: TORBJØRN HOBBEL

Fahrplan zu Weiterentwicklung

Von Halvor Eifring

- Wie sollten Sie nach dem Einführungskurs Acem Meditation weiter verfolgen?
- Wie können Sie das Potenzial der Meditation voll ausschöpfen?
- Welche Unterstützung können Sie auf dem Weg erhalten?

Wenn Sie den Einführungskurs abgeschlossen haben, können Sie effektiv allein meditieren. Auch wenn Sie die Meditation nicht vertiefen möchten, werden Sie manche der grundlegenden Effekte der Meditation erlangen: Entspannung, mehr Energie, verbesserte Konzentration, reduzierten Schmerz, vielleicht besseren Schlaf. Dies sind wichtige Ergebnisse, aber sie sind quantitative Effekte von Acem Meditation und sie werden dem vollen Potenzial der Technik nicht gerecht.

Acem Meditation kann auch qualitative Effekte hervorrufen. Diese beinhalten das Durchbrechen begrenzender Verhaltensmuster, die aus tiefverwurzelten Persönlichkeitszügen und negativen Selbstbildern resultieren. Die schüchterne Person kann weniger schüchtern werden, die launische Person weniger launisch, die mit anderen konkurrierende Person weniger getrieben, andere zu überbieten usw.

Um qualitative Ergebnisse zu erzielen, müssen Sie lernen, wie man mit dem Konzentrationsparadoxon und mit Metagedanken umgeht. So seltsam es auch wirken mag, ruft richtiges Meditieren manchmal die Tendenz hervor, von der richtigen Meditation abzuweichen, indem man sich konzentriert. Diese Konzentration schränkt Ihre geistige Freiheit ein und spiegelt begrenzende Faktoren in Ihrer Persönlichkeit wider.

Um Gelassenheit wieder herzustellen, müssen Sie mit gewohntem Muster brechen. Acem Meditation stimuliert diesen Prozess und um in vollem Umfang von der Technik zu profitieren, finden Sie die folgenden Aspekte evtl. besonders nützlich.

Meditationspsychologie

Der Einführungskurs lehrt die grundlegenden Konzepte, die Sie brauchen, um die Technik zu beherrschen: willentliche vs. spontane Aktivität; Gelassenheit vs. Konzentration; Metagedanken etc. Das Konzentrationsparadoxon bedeutet jedoch, dass richtige Meditation eine bewegliche Zielscheibe ist. Was eine befriedigende Ausführung auf dem Niveau eines Anfängers ist, beinhaltet schon die Samen zukünftiger Probleme, die durch Konzentration verursacht werden. Wenn Sie erfahrener werden, kann die Konzentrationsneigung zunehmen. Sie können dies überwinden, indem Sie Ihr Verständnis der an der Meditation beteiligten Konzepte vertiefen. Dies wird Sie dazu befähigen, Ihre Praxis anzupassen und die Gelassenheit auf geistige Bereiche auszudehnen, die zuvor verschlossen waren.

Die Meditationspsychologie ist weniger eine abstrakt-theoretische Angelegenheit, sondern ein Praxiswerkzeug, das auf Erfahrung, verbessertem Verständnis und besserer Ausführung beruht. Es führt zu größeren Effekten, vor allem zu qualitativen, die Persönlichkeitsveränderungen beinhalten.

Nach dem Einführungskurs sind die wichtigsten Meilensteine der erste Aufbaukurs M1 (in manchen Ländern als zweite Stufe bekannt) und der zweite Aufbaukurs M2 (oder dritte Stufe). M1 fokussiert auf grundlegende Meditationskonzepte, während M2 den Meditationsprozess behandelt. Die Teilnehmer teilen ihre Meditationserfahrungen und durch die Besprechung wird ihr Verständnis der Meditationstheorie tiefer und persönlicher. Die Meditationstheorie wird mit Leben gefüllt.

Die Meditationspsychologie wird auch in Acems Büchern und CDs behandelt sowie auf Vorträgen und in Artikeln. Sie können Literatur bei Acem für den Gebrauch in nicht geleiteten Gruppen oder Besprechungen bestellen.

Meditationserfahrungen besprechen

Während die Meditationstheorie die gemeinsamen Merkmale des Meditationsprozesses behandelt, bietet Anleitung eine

Gelegenheit, die spezifischen Schwierigkeiten der eigenen Meditation zu besprechen. Diese beiden Ansätze ergänzen sich. Ohne Anleitung wird die Meditationspsychologie auf trockene Theorie reduziert. Ohne Meditationspsychologie fehlt der Anleitung ein Rahmen, innerhalb dessen die Phänomene, die einem während der Meditation begegnen, erklärt werden können.

Wenn Sie in einem Konzentrationsparadoxon gefangen sind, ist Anleitung oft der effektivste Weg aus diesem heraus. Anstatt Antworten zu geben, stellt der Kurslehrer Fragen, die Sie auf eine Entdeckungsreise in Ihre eigene Meditation schicken. Sie werden sich Aspekten Ihrer Ausführung bewusst, die Sie früher nicht bemerkt haben und Sie finden neue und unerwartete Lösungen für Probleme, die unlösbar schienen. Oft gibt Anleitung Aufschluss über die Verbindung zwischen Ihrer Art, sich in Ihrem Leben und in Ihrer Meditation Herausforderungen zu stellen.

Anleitung kann individuell oder in Gruppen gegeben werden. Sie können einen Termin für individuelle Anleitung vereinbaren, indem Sie einen Kurslehrer oder Ihr lokales Acem Zentrum kontaktieren. Eine Gruppe mit Anleitung bietet derweil eine Gelegenheit zum regelmäßigen Dialog. Viele Menschen finden, dass es ihre Meditation bereichert, sich die Erfahrungen anderer anzuhören.

Um die Ursprünge Ihrer Konzentrationsparadoxa zu verstehen, ist es unabdingbar, dass Sie Anleitung in Ihrer Meditationspraxis erhalten – das heißt, darin, was genau Sie machen, wenn Sie meditieren.

Langmeditationen

Anleitung, die auf Ihre Praxis während der Meditation fokussiert – in anderen Worten darauf, was sich tatsächlich während der Meditation abspielt – ist einer der Nutzen von Acem Retreats, die auch Langmeditationen beinhalten. Wenn Sie länger als eine Stunde meditieren und vor allem, wenn Sie zum ersten Mal versuchen, 3 Stunden oder länger zu meditieren, kann Ihre Gelassenheit manchmal unbewusster oder halbbewusster Konzentration weichen. Anleitung kann Ihnen helfen, Ihre Gelassenheit zu bewahren und die Technik der Langmeditation zu beherrschen.

Wählen Sie Ihre Wege

Es gibt mehrere Wege, zwischen denen Sie wählen können, um Ihre Meditationspraxis durch Acem Aktivitäten zu entwickeln. Diese sind im Folgenden illustriert:
Der Startpunkt für jede Acem Meditation ist der Einführungskurs. Von dort aus führt ein Weg zu verschiedenen Stufen von Acem Retreats, die auf Langmeditation fokussieren, während sich der andere daran orientiert, ein tieferes Verständnis von Meditationspsychologie zu erlangen. Es besteht jedoch nicht die Notwendigkeit, sich zwischen beiden entscheiden zu müssen. Wenn Sie möchten, können Sie beide Wege parallel verfolgen.

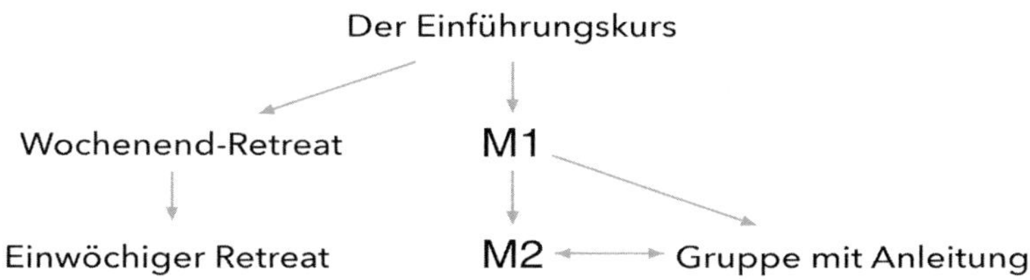

Der Einführungskurs beinhaltet normalerweise mindestens eine Meditation, die eine Stunde oder länger dauert. Das hilft Ihnen dabei, sich auf Wochenend- oder einwöchigen Retreats der 3-Stunden-Grenze anzunähern oder sie sogar zu überschreiten. Retreats sind nicht als einmalige Erfahrungen konzipiert; viele Meditierende finden sie einmal oder mehrmals im Jahr hilfreich.

Auf dem anderen Weg bietet der M1 Kurs in Meditationspsychologie die essentielle Basis für eine verbesserte Ausführung und ein größeres Verständnis des Meditationsprozesses. Danach können Sie entweder mit dem M2 Kurs weitermachen oder mit einer Gruppe mit Anleitung. Früher oder später kann es sein, dass Sie beides ausprobieren möchten.

Das Konzentrationsparadoxon und das Problem der Metagedanken kann niemals ein für alle Mal gelöst werden, aber indem Sie die hier beschriebenen Wege beschreiten, können Sie lernen, sich der wiederholten Herausforderung, die sie darstellen, zu stellen. Dies wird zu erhöhter Einsicht und persönlicher Entwicklung führen, genauso wie die tägliche Entspannung, die Meditation liefert.

OLE GJEMS-ONSTAD

Anhang

Was ist Acem?

Acem ist eine gemeinnützige Organisation auf ehrenamtlicher Basis, die 1966 in Oslo, Norwegen gegründet wurde. Von Anfang an war Acem aktiv in der Entwicklung des psychologischen Verständnisses von Meditationsprozessen auf der Basis von modernem, westlichen Denken und des westlichen Lebensstils. Heute wird Acem Meditation in einigen Ländern auf allen Kontinenten gelehrt.

Acem ist gegenwärtig aktiv in Skandinavien, Deutschland, Spanien, Großbritannien, Holland, Frankreich, der Schweiz, den USA, Indien, China, Taiwan und Kanada. Kontaktieren Sie bitte Acems Hauptsitz in Oslo hinsichtlich anderer Länder.

Acem ist kein Glaubenssystem. Acems Ziel besteht darin, Menschen zu helfen, mit Stress umzugehen und psychisch zu wachsen.

Bei Acem findet das Lehren von Meditation und das Leiten von Gruppenaktivitäten, was eine große Eignung und hohe Qualifikationen voraussetzt, ehrenamtlich statt. Viele der Kurslehrer und Meditationslehrer haben ein Ausbildungsniveau auf dem Gebiet der Meditation, das mit beruflichen Qualifikationen vergleichbar ist. Die Grundausbildung, um assistierender Kurslehrer oder Kurslehrer zu werden, dauert normalerweise 1-2 Jahre, gefolgt von einer Phase häufiger Anleitung und Supervision.

Acems Meditationslehrer haben die Hauptverantwortung, die Meditationspsychologie zu entwickeln. Sie sind qualifiziert, individuelle und verstärkte Meditationslaute zu vergeben.

Der erste Aufbaukurs M1

Wenn man den Einführungskurs beendet hat, kann man am ersten Aufbaukurs M1 teilnehmen, um das theoretische und praktische Verständnis von Acem Meditation zu verbessern, regelmäßige Meditationsgewohnheiten zu fördern und die Nutzen der Praxis zu verstärken.

Der Kurs besteht aus fünf Sitzungen, wobei jede auf ein Thema mit zentraler Bedeutung für wirksame Meditation fokussiert:

Der Meditationslaut
Wie nehmen Sie während der Meditation den Laut wahr? Was ist die ideale Frequenz der Wiederholung des Lautes? Warum soll der Laut nicht assoziativ sein?

Konzentration
Was ist der Unterschied zwischen aktiver, spontaner und unbewusster Konzentration? Wie beeinflussen sie die Qualität der Meditation? Wie spiegeln sie innere Spannungen und Begrenzungen wider?

Freie geistige Haltung
Wie kann man eine freie geistige Haltung schaffen und wie erfährt man sie? Wie beeinflussen Erwartungen die Geisteshaltung während der Meditation?

Beurteilungen und Metagedanken
Wie kann man die Qualität der Meditation beurteilen? Wie spiegeln Meditation Selbstbilder wider? Wie geht man mit Metagedanken um?

Meditationsgewohnheiten
Was sind die typischen Gründe für unregelmäßige Praxis? Wie wirkt Aktualisierung auf die Meditationsgewohnheiten? Wie kann man die Motivation beibehalten?
Jede Sitzung beginnt mit 30 Minuten gemeinsamer Meditation.

Acem Meditationsretreats

Acem Retreats bieten Ihnen eine Pause vom Stress des Alltags und mehr Energie, um mit den Herausforderungen zu Hause und bei der Arbeit zurechtzukommen. Und Sie treten in einen Prozess ein, der Ihnen hilft, Ihr Potenzial besser zu entfalten.

Langmeditationen sorgen für Entspannung und regen persönliche Entwicklung an. Meditationsanleitung in Gruppen verbessert die Qualität der Meditationspraxis und Seminare erhöhen das Verständnis des Prozesses. Die meisten Retreats lassen Zeit für Wanderungen im Wald, erholsame Yogastunden und Kontakt mit anderen Meditierenden.

Reguläre Acem Retreats sind für alle, die Acem Meditation gelernt haben, geeignet. Sie dauern üblicherweise ein Wochenende oder eine Woche. In jedem Sommer finden internationale einwöchige Retreats in schöner Natur in Skandinavien statt.

Vertiefungsretreats sind für Acem-Meditierende, die schon etwas Erfahrung mit einwöchigen Retreats haben, und die tägliche Meditationen, die länger als sechs Stunden dauern, ausprobieren möchten.

Für alle Retreats beinhaltet das Buch „Gute Langmeditationen. Praxisratschläge für Acem Retreats" nützliche Informationen und Empfehlungen.

Vollzeitstudenten, die an einem einwöchigen Retreat teilnehmen möchten, können ein Studentenstipendium beantragen.

Training in zwischenmenschlicher Kommunikation

Acems Training in zwischenmenschlicher Kommunikation wird seit 1970 von Ärzten und Psychologen mit Interesse an Acem Meditation und persönlicher Entwicklung ausgearbeitet. Das Training besteht aus einem einwöchigen Kurs, der bei Halvorsböle in Norwegen in jedem Frühling abgehalten wird.

Jede Kommunikationsgruppe hat 6-9 Teilnehmer und 1-2 Gruppenleiter und trifft sich für zwei tägliche Sitzungen über den gesamten Kurs hinweg. Die offene und reflektierende Atmosphäre bietet eine Gelegenheit zu erkunden, wie man sich gegenüber anderen verhält. Der Fokus liegt manchmal auf der Gruppeninteraktion oder aber auf individuellen Themen und der Persönlichkeit.

Der Kurs fördert Einsicht, Empathie und Sensitivität und stärkt soziale Fähigkeiten sowie die Fähigkeit, Konflikte zu meistern und Führungsqualitäten.

Typisches Tagesprogramm

08:30 – 09:15	Frühstück
09:30 – 12:00	Kommunikationsgruppe
12:15 – 13:00	Mittagessen
13:15 – 16:15	Arbeitsaufgaben, Wanderung, Selbst-Evaluierung
16:15 – 17:45	Kommunikationsgruppe
18:00 – 19:30	Abendessen
19:30 – 21:15	Selbstgeleitete Gruppen
21:30	Soziales Treffen, danach Tagebuch und tägliche Berichte schreiben

Vollzeitstudenten, die an einem Kommunikationskurs teilnehmen möchten, können ein Studentenstipendium beantragen.

Acem Retreat Zentren

Acem International Retreat Centre Halvorsböle, Norwegen

Acems internationales Retreat Zentrum in Halvorsböle liegt eine gute Autostunde außerhalb Oslos, Norwegen. Es liegt auf einem Hügel und bietet eine Panoramasicht auf den Randsfjordsee und nahe Weiler. Die Umgebung ist schön und verkörpert den tiefen Frieden und die Ruhe Skandinaviens.

In der Vergangenheit war dieses Gebäude Schauplatz für die jährlichen Haushaltsgespräche der norwegischen Regierung sowie für die Verhandlungen, die 1993 zum Oslo-Abkommen zwischen Israel und der PLO führten.

Retreat Teilnehmer sind normalerweise in Einzelzimmern mit eigenem Badezimmer und direktem Blick auf den Randsfjord-See untergebracht. Die Küche in Halvorsböle ist laktovegetarisch und gut geeignet für Langmeditationen. Ein gemeinsamer Transport vom Flughafen Oslo Gardermoen oder vom Stadtzentrum Oslos aus kann organisiert werden.

Acem Nordic Retreat Centre
Lundsholm, Schweden

Acems Retreat Zentrum in Lundsholm liegt auf einer schmalen Halbinsel am Mangen See, 25 km von der Stadt Arvika entfernt, weit weg vom Trubel des modernen Stadtlebens.

Das Retreat Zentrum ist um ein altes Landhaus von 1850 herum gebaut. Ein neues Gebäude im traditionellen Stil und ein paar reizvolle Häuschen verfügen alle über Einzelzimmer mit privaten Badezimmern, während die anderen Gebäude über einfache, aber zweckmäßige Einzelzimmer mit gemeinsamen Badezimmern verfügen. Das neue Gebäude hat einen schönen Saal für Treffen und Meditationen.

Lundsholm bietet vielfältige Möglichkeiten zum Wandern, Radfahren, Schwimmen und Rudern sowie zum Skifahren und gelegentlich Eislaufen im Winter. Die Gegend ist dünn besiedelt mit schönen Wäldern und den kleinen roten Häusern am Straßenrand, die typisch für das ländliche Schweden sind. Die Stille wird nur durch Vogelgezwitscher und das gelegentliche Schreien des Seetauchers unterbrochen.

Bücher und CDs

Richten Sie alle Bestellungen an Acem International.

Deutsch

Acem Meditation: Entspannung, Stille, Innere Kraft
Are Holen & Ole Nygaard (eds.), Dyade forlag, Oslo 2007

Acem Meditation: Ein einführendes Begleitbuch
Are Holen & Halvor Eifring. Dyade Press 2016

Gute Langmeditationen:
Praxisratschläge für Retreats in Acem Meditation
Are Holen & Torbjørn Hobbel. Dyade Press 2013

Für Körper und Geist: Vegetarische Grundrezepte
Sigrun Hobbel (ed.). Dyade forlag, Oslo 2010

Englisch

Psychology of Silence: Perspectives on Acem Meditation
Are Holen. Dyade Press, Oslo 2016

Impulse Yoga: The Free Flow of Spontaneous Movement
Torbjørn Hobbel. Dyade Press, Oslo 2016

Meditative Yoga: Integrating Body, Breath and Mind
Are Holen & Torbjørn Hobbel. Dyade Press, Oslo 2012

Inner Strength: The Free Mental Attitude in Acem Meditation
Are Holen. 2nd ed. Acem Publishing, Oslo 2007

Inner Strength: The Free Mental Attitude in Acem Meditation (Audio CD)
Are Holen. Acem Publishing, Oslo 2007

Fighting Stress: Reviews of Meditation Research
Svend Davanger, Halvor Eifring & Anne Grete Hersoug (eds.). Acem Publishing, Oslo 2008

Practical Guide to Acem Retreats
Are Holen & Torbjørn Hobbel. Dyade Press, Oslo 2010

Acem Meditation: An Introductory Companion
Are Holen & Halvor Eifring. Dyade Press, Oslo 2013

Psycho-biological Effects of Meditation
Erik Ekker Solberg. Faculty of Medicine, University of Oslo 2004

Spanisch

Yoga Meditativo: Integración de cuerpo, respiración y mente
Are Holen & Torbjørn Hobbel. Dyade Press, 2014

Psicología del silencio: Un libro sobre Meditación Acem
Are Holen (ed.). Dyade Press, 2012

Psicología del silencio: Un libro sobre Meditación Acem
Are Holen (ed.). Dyade Press, 2012

Meditación Acem: Guía complementaria
Are Holen & Halvor Eifring. Dyade Press, 2011

Fuerza interior: La actitud mental libre en la Meditación Acem
Are Holen. Dyade Press, 2011

Holländisch

Psychologie van de stilte: Een boek over Acem-meditatie
Are Holen (ed.). Uitgeverij Passage, Groningen 1992

Norwegisch

Stillhetens psykologi: En bok om Acem-meditasjon
Are Holen (ed.). 7th ed. Dyade forlag, Oslo 2010

Bedre hverdag med Acem-meditasjon
Are Holen (ed.). Dyade forlag, Oslo 1983

Meditasjon på norsk
Are Holen (ed.). 2nd ed. Dyade forlag, Oslo 1989

Stress, arbeid, kjærlighet: Acem-meditasjon i perspektiv
Are Holen (ed.). Dyade forlag, Oslo 1997

God langmeditasjon: Råd og vink ved retretter i Acem Meditation
Are Holen & Torbjørn Hobbel. Dyade forlag, Oslo 2008

Yoga-boken: Bevegelse og pust
Are Holen & Torbjørn Hobbel. Dyade forlag, Oslo 2009

Impulsøvelser: Yoga i fri flyt
Torbjørn Hobbel. Dyade forlag, Oslo 2011

Acem før 2000
Tor Hersoug. Dyade forlag, Oslo 2000

Oppmerksomhet og erkjennelse i meditasjon (Audio CD)
Are Holen. Acem Publishing, Oslo 2004

Ledighet i meditasjon (Audio CD)
Are Holen. Acem Publishing, Oslo 2005

Konsentrasjon i meditasjon (Audio CD)
Are Holen. Acem Publishing, Oslo 2001

Avspenning – kroppsmeditasjon (Audio CD)
Øyvind Ellingsen. Acem Publishing, Oslo 2005

Verdt å vite om vegetarmat
Vibeke Videm. Dyade forlag, Oslo 2010

Godt grønt: Kokebok for vegetarmat
Carl Henrik Grøndahl et al. (eds.). Dyade forlag, Oslo 1999

For kropp og sinn: Vegetariske basisoppskrifter
Sigrun Hobbel (ed.). Dyade forlag, Oslo 2000

Kakeboken: Fristelser uten egg
Sigrun Hobbel (ed.). Dyade forlag, Oslo 2000

Livsvalg: Acems overgangsstudium – grunnbok

Ole Gjems-Onstad & Tor Hersoug (eds.). Dyade forlag, Oslo 2000

Bli hørt: Tal bedre
Ole Gjems-Onstad. Dyade fagbøker, Oslo 1999

Personlig produktivitet: Hva kan jeg forbedre?
Ole Gjems-Onstad. Dyade fagbøker, Oslo 1994

Studieglede: planlegging, effektivitet, livskvalitet
Ole Gjems-Onstad. Dyade fagbøker, Oslo 1990

Teater mot teater
Carl Henrik Grøndahl. Dyade forlag, Oslo 1985

Dänisch

Stilhedens psykologi: en bog om Acem-meditation
Are Holen (ed.). Dyade forlag, 2011

Afspænding – kropsmeditation (Audio CD)
Øyvind Ellingsen. Acem Publishing, København 2003

Schwedisch

Stillhetens psykologi: En bok om Acem-meditation
Are Holen (ed.). Acem-Uppsala, Uppsala 1989

Våga växa: Acem-meditation i perspektiv
Are Holen (ed.). Dyade förlag, Uppsala 2003

Välgörande vegetariskt: Kokbok från Acems kursgård Lundsholm
Eva Danielsson (ed.). Dyade forlag, Oslo 2002

Ledighet i meditation (Audio CD)
Are Holen. Acem Publishing, Stockholm 2005

Avspänning - kroppsmeditation (Audio CD)
Øyvind Ellingsen. Acem Publishing, Stockholm 2005

Chinesisch (traditionell)

靜心瑜伽 — 身體、呼吸與心理整合 賀倫、霍陀賓. 雙元文化, Taipei 2015

內在的力量 — 雅肯靜坐中輕鬆的心靈態度
賀倫. 雙元文化, Taipei 2010

享受寧靜 — 雅肯靜坐心理學（修訂本）
賀倫. 雙元文化, Taipei 2009

和平海盜說靜坐
阿德、嘉慈、蔡志忠. 雙元文化, Taipei 2012

靜坐行旅 — 雅肯學習指引
賀倫、艾皓德. 雙元文化, Taipei 2012

Chinesisch (vereinfacht)

享受宁静 — 雅肯静坐心理学
贺伦. 文化艺术出版社, Beijing 1998

Andere Publikationen

Dyade
Acems vierteljährliche Zeitschrift für Psychologie, Meditation, Kultur und Gesellschaft, publiziert in Norwegen.

Acems Magazine
Acem publiziert eine Reihe von Newslettern und Magazinen für Acem Meditierende in verschiedenen Ländern.

Webseiten
acem-deutschland.de

acem.com

yoga.no
Webseite der Acem Yoga Schule auf Norwegisch

dyade.no
Webseite für Dyade Press auf Norwegisch

Blog
themeditationblog.com
The Meditation Blog erkundet meditative Praxis, Erfahrung und Forschung.

Moderatortraining

Seit den Anfängen 1966 haben Hunderte von Freiwilligen Teile ihrer Freizeit investiert, um für Acem zu arbeiten. Zusammen haben sie eine internationale Organisation aufgebaut, deren Ziel es ist, Methoden zu entwickeln, die auf persönliche Entwicklung abzielen.

Moderatortraining ist das Eingangstor zu dieser Arbeit. Das grundlegende Training besteht aus einem Wochenendseminar, das den Inhalt des M1 Aufbaukurses und Prinzipien der Gruppendynamik abdeckt. Nach dem Seminar ist der Kandidat assistierender Moderator bei einem M1 Kurs und im nachfolgenden Halbjahr nimmt er an einem zweiten Wochenendeseminar teil, auf dem man Erfahrungen austauscht und diskutiert.

Ein Moderator organisiert üblicherweise zweimal jährlich M1 Kurse und hilft Teilnehmern in ihrem Meditationsprozess. Zusätzlich führt er weitere praktische Aufgaben aus.

Das Moderatortraining ist eine abgeschlossene Ausbildung, kann aber auch als erster Schritt in Richtung eines weiteren Trainings, um assistierender Kurslehrer zu werden, gesehen werden. Dieses Training beinhaltet mehr und dauert 1-2 Jahre. Ein assistierender Kurslehrer hat mehrere Unterrichtsaufträge sowie praktische und administrative Aufgaben. Assistierende Kurslehrer können sich dann für ein Training als voll ausgebildete Kurslehrer mit größerer unabhängiger Verantwortung für Kurse, Schulung und Organisation bewerben.

Acem Yoga Schule

Diese ist die älteste Yogaschule in Norwegen, gegründet 1968, bevor die erste große Yogawelle den Westen erreicht hat. Im Gegensatz zur Yogagymnastik, die in Fitnessstudios und Trainingszentren gelehrt wird, unterrichtet Acem Yoga Schule ein klassisches und meditatives Yoga, bei dem die Integration von Körper, Atmung und Geist betont wird.

Über die Autoren

Are Holen MD, PhD

(1945 in Norwegen geboren) gründete Acem 1966 als Student. Heute ist er Acems internationaler Leiter. Er ist ein gefragter Dozent und hat mehrere Artikel und Bücher über Acem Meditation geschrieben. Er ist verheiratet und hat zwei Kinder. Are Holen ist Psychologe und Arzt, Spezialist für Psychiatrie mit Interesse für Psychotherapie. Er hat u.a. zu traumatischem Stress, der Medizinerausbildung und zu Gruppenprozessen geforscht. Er ist ein international anerkannter Stressforscher. Ab 2015 gehört er der NTNU Trondheim als Professor emeritus der medizinischen Fakultät an. Er hat auch Verbindungen zu mehreren Universitäten im In- und Ausland. 2014 wurde er vom norwegischen König zum Ritter des St. Olav Ordens ernannt. Are Holen hat auch Sanskrit studiert und lebte eine zeitlang in Indien, wo er u.a. die langen meditativen Traditionen des Landes verglich und erforschte.

Halvor Eifring PhD

(1960 in Norwegen geboren) ist der Generalsekretär von Acem International. Er hat Acem Meditation 1976 gelernt, wurde 1979 Kurslehrer und 2001 Meditationslehrer. Er hat mehrere Artikel über Acem Meditation und verwandte Themen geschrieben. Er hat auch Acem Taiwan und Acem China gegründet. Dr. Eifring ist Professor für Chinesisch an der Universität in Oslo. Er hat Bücher und Artikel über chinesische Sprache und Literatur sowie Meditation in verschiedenen Kulturen geschrieben. Er leitet jetzt ein internationales Forschungsprojekt über die Kulturgeschichte der Meditation. Er ist verheiratet und wohnt in Oslo, Norwegen.

Kontaktinformation

Acem International
Postboks 2559 Solli
NO-0202 Oslo, Norwegen
Tel (+47) 23118700
E-mail: info.acem@acem.com
Internet: acem.com / acem-deutschland.de

ACEM